海上丝绸之路研究丛书

斯里兰卡与古代中国的文化交流
—— 以出土中国陶瓷器为中心的研究

[斯里兰卡] 贾兴和 著

·广州·

版权所有　翻印必究

图书在版编目（CIP）数据

斯里兰卡与古代中国的文化交流——以出土中国陶瓷器为中心的研究/（斯里）贾兴和著. —广州：中山大学出版社，2016.10

ISBN 978-7-306-05731-0

Ⅰ. ①斯⋯　Ⅱ. ①贾⋯　Ⅲ. ①中外关系—文化交流—文化史—研究—斯里兰卡　Ⅳ. ①K203　②K358.03

中国版本图书馆 CIP 数据核字（2016）第 137946 号

出 版 人：	徐　劲
责任编辑：	Sibyl
封面设计：	曾　斌
责任校对：	紫　溪
责任技编：	何雅涛
出版发行：	中山大学出版社
电　　话：	编辑部 020-84111996，84113349，84111997，84110779
	发行部 020-84111998，84111981，84111160
地　　址：	广州市新港西路 135 号
邮　　编：	510275　　　　传　真：020-84036565
网　　址：	http://www.zsup.com.cn　　E-mail:zdcbs@mail.sysu.edu.cn
印 刷 者：	广州家联印刷有限公司
规　　格：	787mm×1092mm　1/16　11.75 印张　220 千字
版次印次：	2016 年 10 月第 1 版　2016 年 10 月第 1 次印刷
定　　价：	68.00 元

如发现本书因印装质量影响阅读，请与出版社发行部联系调换

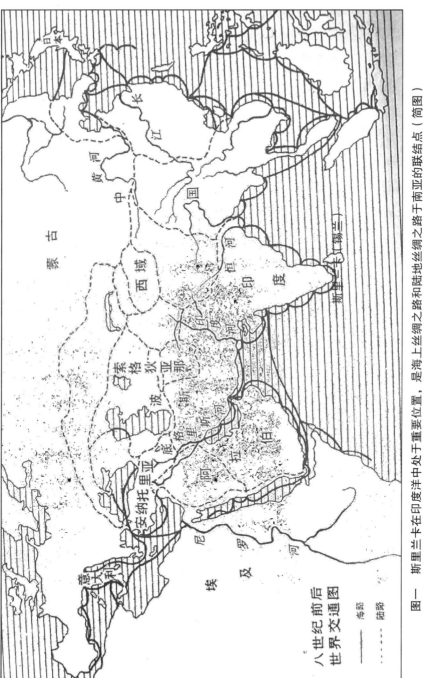

图一 斯里兰卡在印度洋中处于重要位置，是海上丝绸之路和陆地丝绸之路于南亚的联结点（简图）

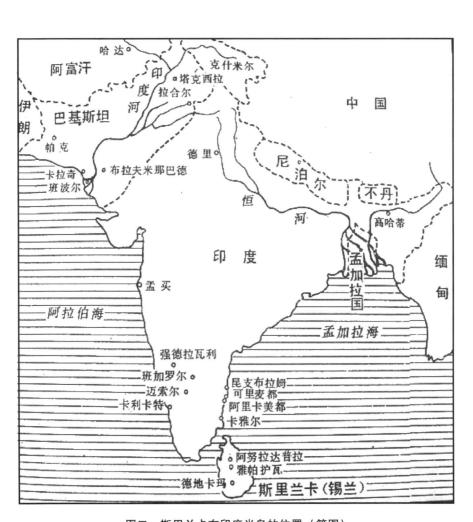

图二 斯里兰卡在印度半岛的位置（简图）

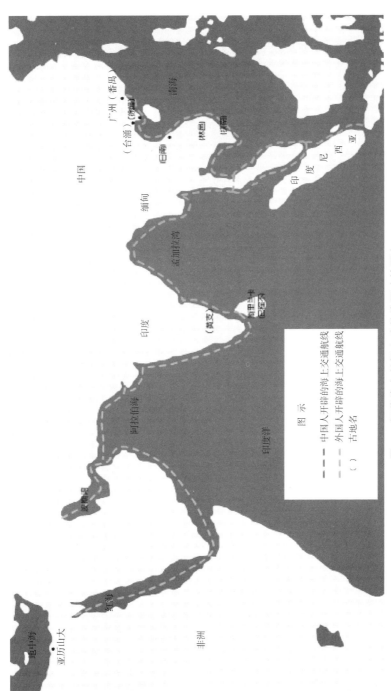

图三 汉代海上丝绸之路航线图（简图）

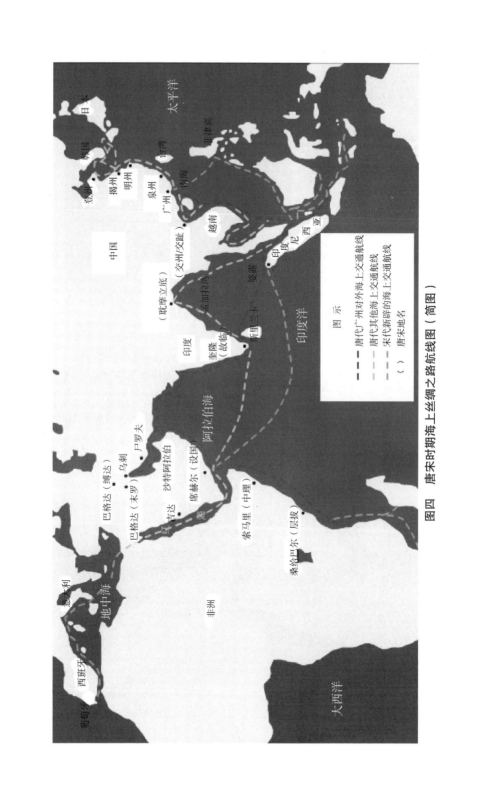

图四 唐宋时期海上丝绸之路航线图（简图）

序

贾兴和（Jayasingha Arachchige Priyantha）在其博士学位论文基础上修订的《斯里兰卡与古代中国的文化交流——以出土中国陶瓷器为中心的研究》出版了，作为他的导师，思忖还是要写篇序。这首先是对贾兴和研究成果的尊重，也是对中山大学出版社徐劲社长安排专项出版资金的感谢，更是希望借此序言对贾兴和的论文选题和写作背景做些介绍。

贾兴和曾经在斯里兰卡国家考古研究所工作，先在中国科技大学科技史与科技考古系获得硕士学位，导师是著名的科技考古专家王昌燧先生。2008年来到中山大学人类学系攻读博士学位。根据他的实际情况，我们商定了"斯里兰卡与古代中国文化交流的考古学研究——以陶瓷器为中心"的论文选题。这是我第一次指导博士生，而且是"洋弟子"，自然有压力，最大的压力是我对这一研究领域不熟悉，指导能力有欠缺。幸而贾兴和很努力，2011年如期通过了论文答辩（他申请的是中国政府奖学金，延期也不现实）。

他的博士学位论文主要包括斯里兰卡与古代中国关系史评述、文献史料所见两国之间的文化交流、两国之间海上交通的考古学研究、两国之间文化交流的考古学研究、斯里兰卡在中国海外交通上的地位等内容，明眼人其实已经可以看出问题了——结构有些松散、可资利用的考古学材料不丰富、研究深度有所不足，不过这毕竟是站在客位视角。客观上来讲从考古学上较全面地研究古代中国与斯里兰卡文化交流的尝试，选题较有新意，持论尚称公允平实；并且介绍了一些中国学者不熟悉的斯里兰卡考古学材料，这些都值得鼓励。我想这是答辩委员会之所以没有"求全责备"的主要原因吧。

以陶瓷考古为中心研究斯里兰卡与古代中国的文化交流，自然关联"海上丝绸之路"。我觉得"丝绸之路""海上丝绸之路"这类称谓通常有三种含义。其一，在中外交通史、考古学、地理学等相关学科领域研究中作为学术概念使用，不过很难在学术概念的层面上加以严格界定；其二，作为文化符号表现其历史喻意和现实政治意义，如1980年代联合国教科文组织发起实施的"丝绸之路：对话之路综合考察"。因为只是借喻，"海上丝绸之路"有时也被称为"陶瓷之路""香料之路";其三,应用在文化遗产研究、保护和开发利用的实际工作中,例如海上丝绸之路申报世界文化遗产。既然"海上丝绸之路"并非严格意义上的学术概念,贾兴和的论文也就未在这层意义上刻意展开。

我深知贾兴和的这部著作还不成熟,必然有疏漏谬误之处。但是我们不想"藏拙",因为公开出版供读者参考是一件有意义的事情,尤其是在中国考古学走向世界的学术背景下。作为导师,我已经深刻地感受到所谓指导过程其实是一个开阔视野的学习过程。贾兴和毕业答辩时使用的是中文稿,虽然经过中国同学的润色,但是一些行文表述还是不规范,编辑是无力逐一纠正的,希望读者能够理解、谅解。

贾兴和毕业回国后,中山大学考古专业许永杰教授曾经策划发掘斯里兰卡的曼泰(Mantai)海港遗址,但是因故未能成行,殊为遗憾。作为弥补遗憾的一部分,我希望贾兴和能够关注新材料,进一步扩大海洋考古学视野,将此课题研究继续深入下去。

郑君雷
2016年10月

目　录

绪　论 ·· 1
　一、研究背景 ·· 1
　二、内容概要 ·· 6
　三、资料来源 ·· 10
　四、理论与方法 ·· 14

第一章　斯里兰卡—中国关系史研究评述 ······················ 17

第二章　史料所见斯里兰卡—中国的文化交流 ················ 21
　第一节　唐代以前的斯中文化交流 ·································· 22
　第二节　唐宋时期的斯中文化交流 ·································· 25
　第三节　元明时期的斯中文化交流 ·································· 29

第三章　斯里兰卡—中国海上交通的考古学研究 ············ 32
　第一节　斯中海上交通线路 ··· 36
　第二节　斯中海上交通工具 ··· 39

第四章　考古材料所见斯里兰卡—中国的文化交流 ········· 57
　第一节　陶瓷 ·· 57
　　一、斯里兰卡陶器情况 ·· 59
　　二、印度和伊斯兰陶器 ·· 61
　　三、斯里兰卡发现的中国陶瓷器 ·································· 65
　　（一）中国外销陶瓷器简史 ·· 65
　　（二）斯里兰卡发现的唐宋时期陶瓷器 ······················· 68
　　（三）斯里兰卡发现的中国陶瓷器科技考古分析 ·········· 84

1

（四）斯里兰卡出土中国陶瓷器的产地 …………………………… 122
　第二节　古钱币 ……………………………………………………………… 124
　　一、在斯里兰卡发现的外国钱币 ………………………………………… 124
　　二、中国钱币 ……………………………………………………………… 126
　第三节　三体郑和碑 ………………………………………………………… 134
　　一、石碑铭简介 …………………………………………………………… 134
　　二、关于三体石碑的研究 ………………………………………………… 135
　第四节　其他有关文物 ……………………………………………………… 139

第五章　斯里兰卡在中国海外交通上的地位 ………………………………… 144
　第一节　斯里兰卡地理位置的重要性 ……………………………………… 146
　　一、斯里兰卡的历史地理和海洋景观 …………………………………… 146
　　二、印度海洋航线的中间点 ……………………………………………… 148
　第二节　近海和内河航行的背景与佛教中心 ……………………………… 151
　　一、古代斯里兰卡的主要商业港口 ……………………………………… 151
　　二、佛教的传播及保存中心 ……………………………………………… 157

后　　记 …………………………………………………………………………… 160

参考文献 …………………………………………………………………………… 163

附　　录 …………………………………………………………………………… 173

致　　谢 …………………………………………………………………………… 176

绪 论

一、研究背景

斯里兰卡自公元前数世纪就是印度洋地区战略位置十分重要的一个岛国，坐落在亚洲大陆的最南部，也是印度次大陆的最南端，与印度半岛南端之间隔着马纳尔湾（The Manner Gulf）和保克海峡（The Palk Strait）——也称"亚当桥"（Adams Bridge）①，中间海面宽度最窄处约为32千米。斯里兰卡的地理位置对斯里兰卡和中国的交流起着十分重要的作用。

与斯里兰卡隔海相望的是东北部的孟加拉国和中南半岛，东部有马来西亚、新加坡、印度尼西亚等东南亚国家，从西北部经印度半岛即可到达阿拉伯海。斯里兰卡的地理位置在印度洋中是非常重要的，无论是从远东到西方，还是从西方到东方，斯里兰卡都是必经之地②（图Ⅹ-1）。斯里兰卡有着悠久的外交关系史，我们对这些历史的了解都是从众多文物和历史文献资料中获得的。这些关系主要以国际贸易为基础的，特别是在早期。大约从公元2世纪以后，随着贸易的发展，斯里兰卡由于它有利的位置成为印度洋的主要贸易中心之一。此外，宗教交往、军事战争，以及斯里兰卡和其他国家如印度、波斯、中国等地使团的互相访问，使得足够多的文化和科技成果传入岛屿，如斯里兰卡和印度之间历史交往的主要动机是政治目的下的佛教联系。③

大约从公元2世纪以后，斯里兰卡就是印度洋地区海上交通和贸易最重要的中心。印度、中国、东南亚、欧洲、阿拉伯和非洲的船都在斯里兰卡的港口停泊。而斯里兰卡位于印度半岛南端的海洋中，自古便有"印度洋海上明珠"之称。不管是在沿海探索航行的远古时代，或是繁荣的海上丝绸之路时代，斯里兰卡始终是连接珠江流域、印度河流域、两河流域、尼罗河流域以及希腊、罗马等世界古代文明中心的重要枢纽，是一个名副其实的

---

① *The History of Ceylon*, by University of Ceylon. 1964, Vol. I Part I, p. 09.
② Silva R. *Ancient Ceylon*, No. 14; Archaeological Survey Department of Sri Lanka, 1990, pp. 1-14.
③ *The History of Ceylon*, by University of Ceylon. 1964, Vol. I Part I, pp. 123-159.

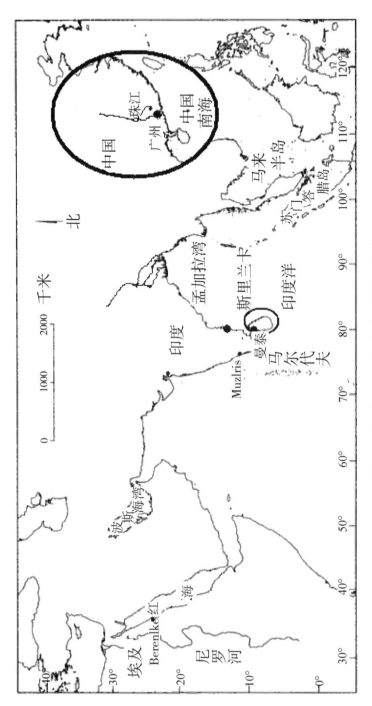

图X-1 斯里兰卡在世界中的地理位置（简图）

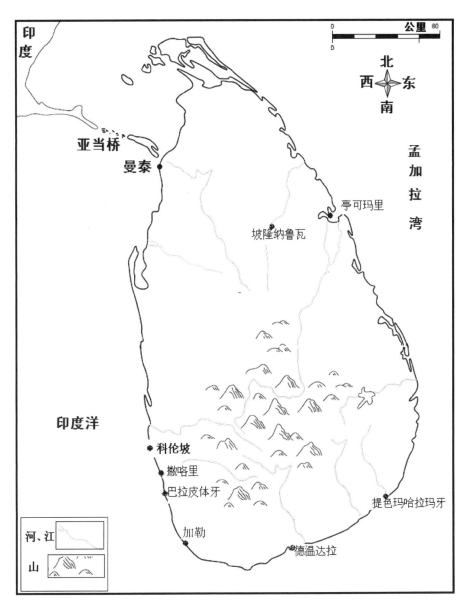

图 X-2 斯里兰卡地形图及主要港口分布图（简图）

"中途岛"①。正如一本书中所说:"印度洋是世界文明的心"②。

由于地理位置上的接近,自浮屠时代以来,斯里兰卡和印度南部地区(泰米尔纳德邦)就有非常密切的经贸往来。③

无论怎样,早期中国与斯里兰卡的关系对双方都具有至关重要的历史意义。自公元前数百年开始,斯里兰卡就是中西方进行文化和贸易交流的中转站。它对国外的吸引力,可以从大事记、历史地理和古钱币中得到解读。早期穿越印度洋的船员和旅行者对斯里兰卡的优美风景、丰富资源和地理位置的赞誉,使得斯里兰卡远近闻名。这种记录主要有两种价值和影响力,一是关于斯里兰卡的自然环境的历史记录,印度文献中最早提到斯里兰卡是公元前4世纪侨多利纳(kautilya)④所著的《政治经济论》,这本书中称斯里兰卡为"波罗沙慕陀罗"(意为"海外"),也就是后来某些希腊作家所说的"帕拉希蒙都斯"和"西蒙多"。同时代(公元前4世纪到前3世纪)的希腊文献也有关于斯里兰卡的记载,称其为"达普罗巴尼"[这个名称是从"檀巴潘尼"(Taprobane)演变而来的,后来2世纪时的Ptolenty地图、13世纪时的地图也用"檀巴潘尼"]。公元前3世纪,希腊驻印度孔雀王朝大使麦加斯底尼士便有关于斯里兰卡的记述,说明斯里兰卡在当时的恒河流域也同样有名。第三位记述斯里兰卡的是希腊地理学家埃拉多斯底尼士。而普林尼(Plinius,24—79)的《佩利普鲁斯》一书(大约出版于公元60年),较之前的著作有更可靠的关于斯里兰卡的材料。《佩利普鲁斯》一书中用"帕拉希蒙都斯"代替了"达普罗巴尼"这个地名。

中国位于亚洲东部,太平洋的西岸,是世界上面积最大的国家之一,也是世界四大文明古国之一,而且文明不曾中断。中国的艺术、建筑、音乐、医学等在世界上都很有名。中国是世界上历史最为悠久的国家之一,

---

① 刘兴武编著:《斯里兰卡》:上海辞书出版社1984年版,第2页。

② Hugh Tinker:*South Asia: A Short History*,University of Hawaii Press,1990,p. xi.

③ (i) Bopearachchi O., "New Archaeological Evidence on Cultural and Commercial Relationships between Ancient Sri Lanka and Tamil Nadu," in *Journal of Interdisciplinary Studies in History and Archaeology*,Vol. 1,No. 1(Summer 2004),pp. 60 – 72.

(ii) K. Indrapala, "South Indian Mercantile Communities in Ceylon, Circa 950 – 1250," in *Sri Lanka and the Silk Road of the Sea*,1990,pp. 153 – 160.

(iii) Pathmanathan, S. In K. M. de Silva, S. Kiribamune and C. R. de Silva (edi), "The Bronze Ceal of the Nanadesis from Hambantota (Sri Lanka)," *Asian Panorama: Essays in Asian History, Past and Present* 1990,pp. 139 – 150.

④ (i) *History of Ceylon*,by University of Ceylon,1964,p. 16.

(ii) S. G. M Weerasinghe,*A History of the Cultural Relations Between Sri Lanka and China: Aspect of the Silk Route*,1995,p. 1.

当我们谈论中国的历史时,贸易、商业、政治、文化、科学及其相关的文物发现,都是非常有趣的话题。

中国历史上有着很多重大发明,如火药、指南针、印刷术、丝绸、瓷器等,伟大的思想家、哲学家、诗人更是层出不穷。传统的农业文明给予中国人更多的经验,他们早就认识到了人、地理和农业的联系。其中,地理环境包括高山、沙漠、草原和海滩等,此外中国人常年还要与季节、气候做斗争。从公元前开始,中国就已经同许多外来民族交流,中国王权的力量逐渐向世界其他国家和地区扩展。很久以前,外来国家和民族的人们因不同的动机来到中国,他们来体验纯粹的中国文化,于是自然资源、奢侈品、文化和思想成果经由陆路和水路向中国以外的国家和地区传播。著名的丝绸之路是中西连接的桥梁,通过陆上丝绸之路,中国的丝绸和其他奢侈品到达罗马和欧洲。[1]

中国和斯里兰卡的外交关系始于汉代,但建立广泛的联系是从唐代(618—907)早期开始的,并于13—15世纪达到高峰。斯里兰卡和中国的接触虽然不是很频繁,但很早以前中国人便知道斯里兰卡。中国古书零星记载斯里兰卡的名称就有33个,如狮子国、已程不国、僧加喇、楞加、兰卡、锡兰山,等等,其中最常见的名称为狮子国。[2] 古时的斯里兰卡曾经是以"多奇宝"(《新唐书》卷二二一下)和"有一座锆石与钻石之山"而闻名世界。关于宝石的种种传说使斯里兰卡得到了古代印度对这一地区的称呼——"宝石州"(Rathnadvipa)和9世纪时阿拉伯人的称呼——"红宝石岛"(Jazirat al-Yakut)。然而,尽管斯里兰卡的宝石在中国也很有名,但中国人并没有选择以宝石来命名斯里兰卡。在古代,斯里兰卡的名称叫僧伽罗,在中国出现"狮子国"这个名称,是因为据说那里的人"能驯养狮子"(《新唐书》卷二二一下)。实际上,斯里兰卡并不是以狮子著称,所以汉语里的"狮子国"可能是根据僧伽罗这个地名翻译而来的,因为"僧伽罗"就是狮子的意思。

斯里兰卡人也很早就知道中国。斯里兰卡的古书里有支那国或者摩诃支那国的记载。斯中两国在地理上相隔遥远,从陆地要跨越重重高山,海路要横渡两个大洋。但根据史料记载,早在约两千年以前,两国人民便已有接触。历史告诉我们,高山阻隔不了中国和斯里兰卡的友好往来,大海也割断不了两国人民的密切关系。

---

[1] C. Schirokauer: *A Brief Histroy of Chinese Civilization*, 1991, pp. 58 – 60.
[2] 朱延沣:《古狮子国释名》,载《史学年报》1934年第2期第1卷。

斯中两国友好往来的历史悠久，两国友谊源远流长。早在401年，中国晋代高僧法显就曾来斯里兰卡取经，并著有《佛国记》一书。明代航海家郑和也曾多次到达这个美丽的岛国。郑和纪念碑至今仍珍藏在斯里兰卡国家博物馆，成为斯中两国交往的重要见证。

二、内容概要

本书的主要目的是对斯里兰卡和中国的文化联系进行考古学方面的讨论并对研究成果进行展示，其中重点是关于唐朝至明朝人工制品特别是陶瓷的研究。在前殖民时代，斯中文化交流是以海上贸易和政治交流为主要内容的。考古学家已发现自唐以后金石和钱币方面的证据，同时代的动植物遗存也在斯里兰卡和中国被发现。这里，首先要做的是对人工制品进行分析，主要是确定其来源和技术，从而对文化关系进行时间排序。因此，重要的研究问题是如何能够使文化联系和交流通过物质遗存表现出来。一方面，我们知道斯里兰卡和古代中国的文化交流和互相学习是世界上技术交流和海洋文化发展的典范。我们发现强有力的证据是在公元6世纪后，考古学上的文化联系比如绘画上的证据在斯里兰卡和中国已经存在。[1] 在此基础上，我们将展开一幅中国和斯里兰卡文化联系全貌的历史画卷，因为自从公元前2世纪初以来，中国文明和印度已经有了稳定的文化联系[2]，所以这可能只是东—西文化或者东—南文化的一部分，毕竟斯里兰卡和中国只是东西历史文化连接的两个点。本书研究的另一目的就是对斯里兰卡考古遗址发现的中国陶瓷器进行研究。

笔者研究的主题可以概括为四个方面：（1）斯里兰卡在古代中国的海上丝绸之路中扮演什么角色？（2）如何用考古学资料解释斯中两国文化的交流？（3）在斯里兰卡考古内容中，发现的中国文物是怎么按年代和空间分布的？（4）历史上斯中两国之间联系的主要动机和目的是什么？本书最主要的目的是根据考古发现对两国的关系史进行研究。在文献记载中，古代中国与斯里兰卡有着悠久的文化交流，有许多考古证据可以为证，而两国间的文化关系正是基于国际贸易而开展的。

本书第一章是关于前人的研究综述。笔者已经参考了之前的大量研究

---

[1] 5—8世纪，在西格里亚（Sigiriya）城堡的绘画和雕刻中，可以看到已经使用中国丝绸（本书第四章第四节）。

[2] 中华文化通志编委会编：《中国与南亚文化交流志》（第10典）；上海人民出版社1998年版，第2—3页。

结果和前人的著作，然而大多数研究所探讨的都是关于斯中两国历史上的联系。比如，《中国和斯里兰卡关系初萌的新纪元》《前殖民时代中国和斯里兰卡的关系》[在这篇文章中，沃勒克（Wareke）详尽地探讨了前殖民时代斯中交流的政治意义]。这些论述基本上都仅限于佛教交流，只有少数学者对中国陶瓷以及其他考古领域或是航海技术进行过研究，如1983年出版的由 Leslie Gunawardana、Yumio Sakurai 合著的 *Sri Lankan Ships in China*（《中国南海来的斯里兰卡航船》）。另外，还有一些印度学者做过印度同中国文化交流的研究，顺便提到几个特殊的地区，如斯里兰卡同中国的佛教以及商业交流。与本书研究有直接联系且数量较多的当属中国人的研究，涉及丝绸之路、陶瓷史及陶瓷技术、古代中国的对外贸易关系、古代中国同西方的关系，以及一些特殊研究的领域。比如，《海上丝绸之路》（陈高华著，海洋出版社1991年版）以及《中国与南亚文化交流志》（薛克翘著，上海人民出版社1998年版）《南海丝绸之路文物图集》（广东省文物管理委员会等编，广东科技出版社1991年版）都是非常重要的研究成果。另外，一些外国学者对中国碑刻、铜币、陶瓷的分析研究也使本书受益。

本书第二章是关于斯中文化交流关系的历史线索。它从唐朝以前、唐朝至宋朝，以及元朝至明朝三个时期来探讨有关的历史资料。这些资料包括笔者所找到的文献材料、斯里兰卡的田野调查和能够反映斯中关系的不同发展阶段的出土陶瓷实物。

第一阶段，即唐朝以前，便有关于斯里兰卡同中国之间文化交流的可靠的文献证据。希腊作家柯斯玛斯（Cosmos Indicopleustes）所著的 *Christian Topography*（《基督教世界地貌》），5世纪普林尼（Plinius）的 *Historia Naturalis*（《自然史》）中的 Sahssvatthu – p – pakarna（《千篇故事》）等，都是具有很高价值的史料，它们记载了中国同西方最早的关系。从中国西汉王朝开始，中国到西方的各种商业、政治宗教使团也到了斯里兰卡。在这一时期，中国汉王朝同斯里兰卡阿努拉德普勒（Anuradhapura）王朝（公元前2世纪—11世纪）之间的交往是相互的。大约4世纪的时候，中国佛教高僧法显以及大量的中国探险者到了斯里兰卡岛。同期，斯里兰卡佛教传播者如3世纪的僧侣也到了中国南京。这些来自印度、斯里兰卡、西亚、中亚的僧侣团在很大程度上促成了中国佛教的创立、传播和发展。

唐、宋王朝是斯中文化交流的第二阶段。《高僧传》是著名僧人的传记，这其中重要者如《梁高僧传》《唐高僧传》《宋高僧传》记载了斯中的宗教交流。两国在政治、经济上的发展为两国文化上的联系开辟了新的途径。《新唐书》曾提及斯里兰卡,从南中国海经印度洋到达西方的海上丝绸之路是联系双方的重要通道,而当时航海技术也发展到了一个高峰。《唐国史补》中对当时的航海技术有所记载,清晰地描写了来自斯里兰卡的船队以及唐朝同斯里兰卡的交流。宋朝在与斯里兰卡的交往中将其称为"狮子国",文献和考古资料(陶瓷和铜币)都很好地证明了宋朝与斯里兰卡的交往。宋朝当时的文献提及斯里兰卡,而斯里兰卡的文献 Dambadeni Report; Dambadeni Asna 也记载了有中国人在当时斯里兰卡国王不剌葛麻巴忽(Parakramabahu,1236—1271)的军队服役。

元朝是中国同斯里兰卡交往的一个特别时期,它们之间的往来因受到东南亚王国斯里·维加雅(Sri Vijaya)的影响而别具特色。除了一些受到元帝国派遣的佛教僧侣团以及游行至此的马可·波罗,当时很少有中国的使团到斯里兰卡。明朝在斯里兰卡最著名的中国人就是郑和,他曾几次登岛并在岛上留下石刻,这是重要的考古和文献资料之一。郑和的到来,是古代(清代之前)中国同斯里兰卡的文化交往的最高峰,也是最后一座里程碑。

本书第三章讨论中国同斯里兰卡的海上丝绸之路在考古学上的重要性。这主要从航线和航海技术(造船业等)两方面考察。

(1)我们有记载早期各族群往来于东西方海域的文献资料。如果仔细探索,我们会发现数条不同的古代东西海上航线。航线因时期、族群或国家、用途的不同而互不相同。例如,在不同时期中国船只会通过不同港口进入斯里兰卡,唐朝时期中国人从北部曼泰(Mantai)港口登陆斯里兰卡,而在明朝郑和是从南部的加勒(Galle)上岸,从中我们可以看出航线和港口的变迁有着各种不同的原因。

(2)古代中国和斯里兰卡在航海实践和线路方面都有丰富的经验。最早的关于这方面的证据是公元前2世纪斯里兰卡波罗纳鲁瓦(Polonnaruwa)的"Brahmi"(公元前到公元1世纪斯里兰卡印度文字)石刻上的记载,从中可以看出随着技术的发展,不同时期航船的形制是不同的。此外,在中国沿海和内陆的考古发掘中也发现了很多航船陶模,这些模型清晰地表明了历史上航船的形制特征。1983年,广州南越王墓出土了带纹饰陶船模型,它高40.4厘米,长37厘米。这艘年代为西汉早期的陶船体现了当时较为成熟的造船技术。此外,1957年在广州西村也发现了大量西汉中期的木船。

游历者也为我们提供了更多关于航船的资料。5世纪中国僧人法显根据其从南印度到斯里兰卡,再从斯里兰卡到南中国的航海经历,记录了当时的船只形制特征。《唐国史补》中也清晰地记载了当时来自斯里兰卡航船的形制特征。而有关郑和的史料更是填充了与中国明朝同期的斯里兰卡的航海技术的空白。

第四章是本书的主体部分。在研究中，笔者使用了四类考古学材料：陶器、钱币、碑铭和其他资料。

（1）中国陶器是在斯里兰卡发现的最重要的外国考古材料。在当地还只有比较劣质的陶器的时候，来自东方的高质量陶瓷深深地吸引了斯里兰卡人。斯里兰卡作为东西贸易的中转站，它自公元前几个世纪的时候便有大量来自印度、希腊、伊斯兰世界（波斯地区、两河流域、阿拉伯地区等）等地的外来陶器。斯里兰卡当地的陶器制造业有很长的历史，但是它的发展仅限于少量的釉陶。实际上，中国陶瓷自从唐朝开始便占据了斯里兰卡外来陶瓷的大部分。唐朝的陶器主要是在斯里兰卡北部海岸、北部以及北中部内陆发现。另外，在斯里兰卡发现的越窑青瓷、长沙窑瓷器、白瓷主要是唐、宋时期的，而且在斯里兰卡北部海岸和西北部内陆遗址的宋代地层中也发现了宋代的高质量青瓷。

这些宋代陶瓷揭示了两国的经济发展情况和贸易关系，当然还有中国同其他西方国家和地区的贸易关系。但是，斯里兰卡没有发现大量元朝的陶瓷，只有在古城波罗纳鲁瓦（Polonnaruwa）和雅巴忽瓦（Yapahuwa）两地发现的青白瓷证明当时斯里兰卡和中国的佛教交流关系。明代的青花瓷在斯里兰卡西岸和南岸遗址中比较普遍，这证明郑和不止一次到达斯里兰卡西部和南部的港口。

对中国产陶瓷进行检测有几个方面的目的，其中，产地分析是一个重要的研究点，因为斯里兰卡作为岛国在很久以前便跟不同的国家有文化交流。因此，笔者对所研究的一些器物运用了不同的方法，尤其是科学分析方法，并对曼泰遗址出土的中国陶器进行了个案研究。

（2）在斯里兰卡发现的中国铜币是另外一种材料，其中少数铜币早至唐代，多数是宋代的。在古城雅巴忽瓦（Yapahuwa）发现的铜币多是12至13世纪的铜币。这些铜币上刻有宋朝不同年号。

（3）在斯里兰卡发现的刻有三种语言（其中一种是汉语）的石碑是重要的考古材料之一。这一石碑为郑和用来纪念他到达斯里兰卡并将中国明朝永乐皇帝的礼物送到了岛上的三个宗教场所而立。这一石碑直接证明了当时中国同斯里兰卡的政治交流。

（4）除了上述材料之外，还有其他一些具有考古价值的、能够直接或间接表现斯中文化交流的材料。斯里兰卡出土的中国丝绸是重要的考古学证据，最近在一座早至2世纪的斯里兰卡古代佛教舍利塔中发现了丝织品碎片,考古学家已经辨认出它来自中国。另外,在西吉利亚镜墙(Sigiriya Mirror Wall)上那些歪歪扭扭的文字(年代在 5 世纪到 8 世纪)也提及"cina pata"(意为"中国丝绸")。在中国汉墓中也发现了大量外国产品,如象牙、珍珠以及由红蓝宝石珠连缀而成的项链,这些产品在斯里兰卡非常名贵。斯里兰卡和中国的文献中对此都有所记载,如《唐国史补》中就有相关记录。

本书第五章是整个研究的主要部分之一,探讨斯里兰卡处于海上丝绸之路位置上的重要性。总的来说,斯里兰卡具有地缘的优势,同时也有文化的底蕴。因为作为东西海上航线的一个小岛国,斯里兰卡自汉代早期以来就是中国船只航行的一个主要中转站。早期的中国船只靠风力航行,在季风的帮助下穿梭于东西方。在可能长达数个月的等待时间里,斯里兰卡充当了一个补给站的角色,在这里船商们可以补充往返程所需的食物和淡水。有资料记载当时曾有 35 艘船在那里等待着出发去中国。

另外,斯里兰卡拥有航行便利、遍布海岛周围的优良港湾和与之相连接的内河网络,可以使船只从海口直接进入内地,如船只可以从曼泰港口经马勒沃图河(Malwatu)到内地的阿努拉德普勒(Anuradhapura)。斯里兰卡作为商业中心的重要性还在于它同欧洲、非洲、阿拉伯等地的商人交换中国商品。他们除了买卖自己的产品,如动植物产品、宝石外,还买卖中国的丝绸、瓷器等商品。另外,佛教在斯中文化交流中虽然不是主导因素,但是它在历朝历代斯中文化交流中是一个很重要的因素。总而言之,斯里兰卡这个地缘政治实体对于中国通往西方非常重要。

三、资料来源

斯里兰卡学者研究古代斯里兰卡和中国的文化交流,主要通过两种方法,其一是对考古遗存的研究,其二是通过对历史文献的分析。目前学界所使用的历史文献大多来自斯里兰卡之外的国家,如中国、印度、希腊等。造成此种情形的主要原因是:斯里兰卡文献大多注重佛教文化交流的记载,而关于对外经济交流的记载则相对简略。

1. 考古材料

本书讨论的考古证据主要是第三章和第四章。第三章讨论的斯里兰卡出土的能证明斯中文化交流的考古证据,包括陶瓷、钱币、碑文、绘画等。斯里兰卡出土的最早的中国陶瓷是在唐朝,之后可延续到五代、两宋,以及元、明、清各朝代。在斯里兰卡沿海和内陆都发现了中国陶瓷,证明两国有贸易往来或者礼品互赠。① 早期唐宋陶瓷在斯里兰卡北部、西北部以及北部岛屿中心均有发现，唐宋陶瓷在分布范围上没有多大区别，其中宋朝陶瓷主要发现于西北的波罗纳鲁瓦（Polonnaruwa）、西格里亚（Sigiriya）和西南的雅巴忽瓦（Yapahuwa）诸遗址。

明代青花瓷在斯里兰卡西部和南部沿海均有发现，笔者用来分析的陶瓷碎片主要来自西北沿海的曼泰（Mantai）古港口遗址。

曼泰遗址在东西海洋贸易中扮演了重要的角色。② 笔者的陶瓷样品主要是20年前由考古勘探部门发掘出来的，但后来由于局势不安全使得考古工作在斯里兰卡北部和西北难以开展。2003年，笔者有幸走访了曼泰遗址并随机获得一些样品。1984年和2003年收集的样品笔者都运用到本书当中了。笔者所分析的青花瓷和白瓷来源于波罗纳鲁瓦（Polonnaruwa）的发掘，而这里是斯里兰卡北部的中心。发现中国唐宋时期钱币的考古遗址主要位于阿努拉德普勒（Anuradhapura）、波罗纳鲁瓦（Polonnaruwa）、雅巴忽瓦（Yapahuwa）、苦路那加拉（Kurunegala）、玛塔勒（Matale）、卡拉幕纳（Kalmunai）、塔奈马纳尔（Talaimannar）和苦如卡拉玛达玛（Kurukkalmadam）。大量的宋朝时期的钱币在斯里兰卡被发现，1912年在雅巴忽瓦（Yapahuwa）发现10枚钱币③；1949在一些陶壶中发现了1352枚钱币，这是斯里兰卡最大规模的一次钱币发掘④。见于报道的最新发现的中国钱币位于Uva省的一个村庄。客观地说，中国钱币的涌入并不像陶瓷那样，但也有观点认为这是东南亚仿造的中国钱币。在斯里兰卡南海滨加勒（Galle）发现的三语石碑（Trilingual Stone Slab），对两国文化联系的研究意义重大。这个明代石刻碑的发现，揭示了斯里兰卡和中国大明王朝的文化联系。5世纪，西吉利亚（Sigiriya）镜墙上的绘画是另一个与本书研究相关的考古证据。画中描述的西吉利亚字迹（Sigiriya Graffti）（图4-45e）早就提到过中国丝绸，在北部中心波罗纳鲁瓦省（Polonnaruwa）的度哇咖拉（Duwegala）发现的用Bahmi文字写就于1世纪的石碑，题写了船的标识

---

① P. L. Premathilake, "Chinese Ceramics Discovered in Sri Lanka," *Sri Lanka and Silk Road of the Sea*, 1990, p. 233.

② (i) Ibid. (ii) Needham Joseph: *Science and Civilization in China*, 2004, p. 728. (iii) J. Carswell & M. Prickett., "Mantai 1980: A Preliminary Investigation," *Ancient Ceylon*, No. 5, 1984, pp. 3-80.

③ (i) *Archaeological Survey of Ceylon, Annual Report*［ASCAR］1911—1912, p. 64.
(ii) H. W. Codrington, *Ceylon Coin and Currency*, Series No. 3, 1924, pp. 167-168.
(iii) *Yapahuwa Exploration Report*, 2001, pp. 16-18.

④ (i) D. S. Gunathilaka, *Yapahuwa*, 1963, p. 35.
(ii) *Yapahuwa Exploration Report*, 2001, pp. 16-18.

(图3-2b),它是最早刻在石头上的船舶标识。这虽然不是直接论据,但是与全国航海历史有关系。本书第四章主要论述斯中两国海洋考古以及南中国通向印度洋的航线问题;同时也论述了东南亚一些古港口的考古发现,以及孟加拉湾和亚洲西部的重要港口。

2. 文献材料

如今,我们有了更多可靠的关于斯里兰卡和中国之间历史关系的文献史料。斯里兰卡和中国文化的接触,是从比斯里兰卡或中国文献早的希腊语和拉丁语文献中得到证据的。在约5世纪,希腊作家 Cosmos Indicopleustes[①] 写了 *Christian Topography*[②],其中有提及 Sihaladeepa(斯里兰卡的古名为 the land of Sinhalaese)与中国的联系和交流。普林尼(Plinius[③],24-79)在其著作 Historia Naturalis 也提到过斯里兰卡。在公元2世纪,托勒密的世界地图把斯里兰卡标注为 Taprobane,着重说明了斯里兰卡的大小与印度有关;并标注地中海连接红海北部的岛屿的位置,以及进入中国的港口位置。其次佛教文献、佛经和梵文、巴利文的文献以及一些佛本生故事也记述了斯里兰卡和中国的文化联系。

多数学者提到关于本岛的历史记录、*Deepavamsa*(岛编年史)[④](公元4世纪),*Mahavamsa*(大史)[⑤],这属于国史;*Chulvamsa* 小史作为大史的续篇,并没有记录斯里兰卡与中国的文化联系。其主要原因有两个:一是历史记录没有揭示和中国有商业贸易相关的内容,但是有与印度的交易、与佛教密切相连的相关内容;二是 Mahavihra Bhikkus 写的大史、小史,关于佛教的中心只提到像缅甸、暹罗(今泰国)等地而没有任何提及中国的内容,但是很多学者提到 Abhyagiri vihara 写的 *Uttaraviharavmsa*(中国高僧法显在此待了两年,留下的佛教文本)描述大乘佛教,它与大史不同,可能会给我们一些线索,但不幸的是在中国仍然没有发现 *Uttaraviharavmsa* 文本[⑥]。公元5世纪由 Ven. Ratthapala 写的 *Sahssvatthu-p-pakarna*(《千篇故事》)[⑦]是研究古代斯里兰卡和中国关系的重要素材。公元5世纪由国医 Buddhadasa

---

[①] *The History of Ceylon*, by University of Ceylon, 1964 [2nd sinhala (edi.), 2001], Vol. 1 Part I, pp. 18, 62, 348-348; 1971, Vol. 1 Part II, pp. 665-666.

[②] Ibid, Cosmas I: *Christian Topography* (*Introduction*), 1897, transcribed by Roger Pearse, Ipswich, UK: 2003.

[③] Ibid, C. Plini Secundi: *Natural History* (*Naturalis Historia*) chap. 24.

[④] Kirielle Gnanawimala (edi.), 2nd Edition, *Deepavamsa*(岛编年史), 1970.

[⑤] *Mahavamsa*, edited by D. H. S Abarathna, 1922.

[⑥] *The History of Ceylon*, by University of Ceylon, 1971, Vol. 1 Part II; p. 536.

[⑦] Polwatte Buddhadatta Thera (edi.), *Sahssvatthu-p-pakarna*, 1959.

写的非常有名的梵文医书 *Sarartha – sangrhaya*①，记录了与研究相关的植物。

5 世纪的 Padyakunchamani② 和 7 世纪的 Janakiharana③ 与中国很相似。在西格里亚（Sigiriya）描述为"golden damsels"（5 世纪岩石人像）画中的 5 到 8 世纪的诗，直接证明了中国丝绸的来源问题。9 世纪后，我们可以发现有关中斯两国关系的僧伽罗语（Sinhala）的文献资料。12 世纪以后，《补特萨拉那》（*Buthsarana*）④、《达嚷萨拉那》（*Damsarana*）⑤ 和《加塔卡·阿图瓦·咖塔帕德牙》（*Jathaka – Atuwa – Gatapadaya*）⑥，这些僧伽罗语的文献与我们的研究关系密切。约 13 世纪的如《布甲瓦利亚》（*Pujavaliya*）⑦ 等一些僧伽罗语的著作直指中国是一片重要的土地。14 世纪的《坎卡哇塔拉尼》（*Kankhavatharani*）是关于中国的有价值的文献，Ven. Thotagamuwe Rahula 的著作《卡瓦娅色卡热呀》（*Kavayasekharaya*）、17 世纪的《拉咖哇里牙》（*Rajawaliya*，即《斯里兰卡国王史》）⑧、《苦那萨尼提努·哈塔纳》（*Kunstantinu Hatana*）⑨、《阿蛤勒破啦·哈塔纳》（*Ahelepola Hatana*）⑩ 都直接论述了中国、中国的皇权和中国文化。

索比德指出，研究两国关系史，中国文献材料比斯里兰卡文献具有明显的优势，这其中最重要的是法显的《法显传》，又称《佛国记》。这本书是研究 5 世纪初上述地区重要的文献资料。《大唐西域记》也有若干关于斯里兰卡的记载，全书分为 12 卷，主要记述了唐高僧玄奘赴印度寻求佛教经典的过程，它也是一部记录关于 7 世纪前中亚史和南亚史，特别是印度史以及中外关系史的重要文献。《大唐西域求法高僧传》和《南海寄归内法传》是唐代高僧义净撰写的关于数位禅师、法师事迹的传记。义净（635—713）是唐齐州（今属于山东省济南市）人。实际上他并没有到过斯里兰卡，但他的这两部著作却有关于斯里兰卡的重要记载。《高僧传》是著名僧人的传记，有《梁高僧传》《唐高僧传》《宋高僧传》《明高僧传》等，这些书都记载了中国和南亚各国僧人的经历和故事。他们中有的是从中国到斯里兰

---

① King Buddadasa, *Sarartha Sangrahaya*, compiled by A. Kumarasingha, 1987.
② *Padyakunchamani*, Madras：1921.
③ *Janakiharana*, C. Godakumbure (edi.), 1969.
④ *Buthsarana*, Madowita Nanananda (edi.), Colombo：1929.
⑤ *Damsarana*, Dhammananda (edi.), Colombo：1929.
⑥ Sir. D. B. Jayathilake, *Jathaka – Atuwa – Gatapadaya*, Colombo：1943.
⑦ *Pujavaliya*, Amarmoli (edi.), Colombo：1953.
⑧ *Rajawaliya*, A. V. Suraweera (edi.), Lake House, Colombo：1976.
⑨ *Kunstantinu Hatana*, M. E Frenando (edi.), 1933.
⑩ *Ahelepola Hatana*, N. J. Cooray (edi.), 1923.

卡，有的是从斯里兰卡和印度到中国的僧人。中国的正史方面，《汉书》卷二十八下、《梁书》卷五四、《魏书》卷一一四、《宋书》卷九七、《新唐书》卷二二一下、《南史》卷七八、《元史》卷八和《明史》卷三二六，都有关于斯里兰卡的记载。《通典》卷一九三、《册府元龟》卷九七一、《唐国史补》、《比丘尼传》、《历代名画记》卷九、《岛夷志略》、《天下郡国利病书》、《瀛涯胜览》、《星槎胜览》和《西洋朝贡典录》等都记录有关于斯里兰卡的内容。①

四、理论与方法

斯里兰卡当地早期社会及其与其他地方的文化交流，作为考古学的中心问题在20世纪已被广泛讨论。② 这里所指的当地贸易和长途贸易是贸易和馈赠。这是斯中文化交流的理论背景。沃勒斯坦的"世界体系"概念是有价值的，也有许多益处。世界贸易体系描述了各国社会经济联系的网络，不同国家建立起了贸易反馈机制。这是不言而喻的，社会不会独立运作，它们应该意识到在一个大的系统背景下，社会如何相互联系，以及如何互相保持系统平衡的问题，这成为经济人类学领域讨论的重大理论问题之一③。近代以来斯里兰卡在印度洋的贸易活动可以从世界贸易体系中获得认知。④

本书进行的研究方法主要包括考古学的基本方法、数据收集及分析、分析结果的比较等。具体而言，本书的研究方法总结如下：第二章主要以文献记载为根据对斯中两国文化交流进行讨论；第三章主要以考古学材料为根据对两国文化交流进行讨论，其中陶瓷一节以科技考古为主要手段，这一节也是本书的重点内容和突破点；第四章结合文献记载和考古发现进行讨论；第五章主要在古代贸易和海上交通的背景下进行讨论。

---

① （i）索比德（Sobhitha）：《中国古代与斯里兰卡关系》，安徽大学2004年硕士论文，第3－4页；（ii）索比德（Sobhitha）：《古代中国与斯里兰卡的文化交流研究》，山东大学2010年博士论文。

② （i）C. Renfrew & P. G. Bahn：*Archaeology*：*Theories Methods and Practice*，1991，1996，pp. 335 – 368.
（ii）R. Sharer & W. Ashmore：*Archaeology*：*Discovering Our Past*，1987，1993，2003，pp. 483 – 520.

③ （i）Ibid；（ii）Ekholm & Friedman：*Concretizing the Continuity Argument in Globle Systems Analysis*，1993.

④ I. Wallerstein：*Concept of World Systems*，New York：Academic Press，1976，pp. 229 – 233.

笔者收集的资料主要包括两种：一种是两地文化交流的历史资料，笔者使用的历史数据包括两国丰富的金石史料、文献和古钱币，这些资料都有利于阐述两国的联系。第二种是收集的物质遗存，同时也是最重要的资料，因为这是考古学文化交流研究赖以建立的天然物质基础[①]，如果没有找到实物证据就无法讨论其文化交流。我们的考古资料主要来自考古发掘和考古调查，而且几乎都被收集到斯里兰卡的考古部门和博物馆。我的资料主要来自2003年发掘的曼泰遗址。其中收集的陶瓷器是中国和斯里兰卡文化交流的最重要的考古证据。此外，钱币、石刻和绘画可从考古和历史两方面进行运用，是最适合作为考古学研究的历史资料。

笔者下一步的研究方法就是对数据进行分析：对斯里兰卡和中国同时代的历史资料进行对比分析，进而对同时代考古学进行比较。例如，根据历史记录，深受斯里兰卡、苏门答腊岛王朝影响的南印度Chola王朝"Rajendra Raja"与中国港口有贸易往来，而斯里兰卡曾派出使团到达中国。[②] 然而，在斯里兰卡遗址中并没有找到更多关于元朝陶瓷的考古资料，元朝的历史文献也没有关于元朝陶瓷出口到斯里兰卡的记录。[③] 笔者已经对斯里兰卡出土的中国陶瓷进行了大量试验，从中揭示斯里兰卡和中国的文化关系。

1. 传统考古方法

用观察分析法对斯里兰卡发现的中国古代钱币进行分析。陶瓷的器型、颜色、装饰（纹饰或图案、符号、文字）、胎体、釉面等，观察其质料总是最好的开端。[④]

2. 科技考古方法

（1）吸水率测试。

我们首先测定了样品的吸水率和烧成温度，以确定样品的基本物性特征：取10克左右的陶瓷试片，磨去釉层和中间层后，放在小烧杯中煮沸8个小时，排除气孔中的气体，使水占据气孔空间，然后在分析天平上进行称量湿重G，再将试片于110℃温度下烘干，称量干重G_0，按公式计算吸水率$W\%$。

[①] （i）C. Renfrew & P. Bahn：*Archaeology：Theories Methods and Practice*，1991，1996，pp. 335 – 368.

（ii）R. J. Sharer & W. Ashmore：*Archaeology：Discovering Our Past*，1987，1993，2003，pp. 483 – 520.

[②] *History of Ceylon*，by University of Ceylon，1964，Vol. 1 Part II，pp. 277，348.

[③] 中国硅酸盐学会：《中国陶瓷史》，文物出版社1997年版，第353页。

[④] 中国硅酸盐学会：《中国陶瓷史》，文物出版社1997年版，第353页。

（2）电感耦合等离子体原子发射光谱法（ICP – AES – Inductively Coupled Plasma Atomic Emission Spectrometer）。

为了得到样品的化学组成特性，我们将 7 个样品表面的污染层及釉层去除，用水清洗后放入无水酒精中进行超声波清洗；晾干后用玛瑙研钵小心粉碎，控制力度，以免样品内砂粒破碎；将研磨过的样品用孔径为 0.074 毫米的铜筛筛选，收集过筛的颗粒，封装后进行等离子体电感耦合原子发射光谱（ICP – AES）测试。运用 X 射线荧光光谱法（XRF – X – ray fluorescence analysis）、ED – XRF（energy dispersive）、WD – XRF（Wavelength Dispersive）、SR – XRF（synchrotron radiation）、中子活化法（NAA – Neutron activation analysis）、光谱法（XRF）、同步辐射 X 射线荧光光谱法（SRXRF）、电感耦合等离子体原子发射光谱法（ICP – AES）等多种技术手段，分析了斯里兰卡曼泰遗址出土的 7 枚青花瓷样品，并对其产地进行了初步的探讨。

（3）显微观察推测烧制工艺与制胎原料。

我们通过显微观察推测了烧制工艺与制胎原料（SL1、SL2、SL3、SL7 和 SL4、SL5）。

瓷器胎釉的显微结构：坯体经过高温烧制后，便瓷化成为瓷胎。瓷胎的物理化学性质既取决于瓷胎的化学成分，更取决于瓷胎的显微结构。

瓷胎一般是由莫来石晶体、残余石英晶体、玻璃质物质以及气孔组成的复杂多相系统，其显微结构中晶相，玻璃相、气孔的分布情况（形状、大小、数量），以及晶粒的取向、晶粒的均匀度和杂质分布情况等，都直接影响和决定着瓷胎的物理化学性质。[①]

瓷釉的显微结构：釉的显微结构主要由玻璃相、不同量的钙长石未熔的矿物团粒、石英以及气泡等所组成。[②]

---

① 西北轻工业学院等编：《陶瓷工艺学》，轻工业出版社 1991 年版。
② 周仁、张福康、郑永圃：《历代龙泉青瓷烧制工艺的科学总结》，参见周仁等著《中国古陶瓷研究论文集》，轻工业出版社 1983 年版。

第一章　斯里兰卡-中国关系史研究评述

斯里兰卡本地先前有一些关于斯中关系的重要的研究成果，另外中国和其他国家也有一些这方面的研究成果。早期的学者所做的一般是佛教、贸易游记、丝绸之路、古代中国的对外关系、中国的陶瓷、货币以及金石学的研究。到20世纪，斯里兰卡也有一些人做了少量但很有趣的关于斯里兰卡和古代中国文化交流方面的研究，不过由于没有考古资料和历史文献的跟进，所以做这方面的研究显得很困难。

在学界，研究中国与南亚、中国与印度，特别是研究印度佛教的专家学者和论著比较多，但是研究中国与斯里兰卡关系史的较少，但也有一些斯里兰卡、中国以及外国专家就斯中关系进行了研究并发表了一些论著。

斯里兰卡学者马林达·沃勒克（Mahinda Werake）在1978年所写的《中国与斯里兰卡关系初萌的新纪元》[①]，堪称运用大量国内外的历史资料来对斯中关系问题进行深层次阐释的著作。马林达·沃勒克的另一篇专著《前殖民时代中国和斯里兰卡的关系》[②]于1990年完稿，在这篇文章中，作者详尽地探讨了前殖民时代中国与斯里兰卡之间交流的政治意义。此外，他的《重新审视十五世纪时期中国与斯里兰卡关系》[③]也是研究斯中关系的重要文章。除了他以外，还有几个学者的文章也很精彩。比如斯里兰卡学者Leslie Gunawardana和日本学者Yumio Sakurai于1983年合著的《中国出土斯里兰卡航船》[④]，文章中引用了中国作家李肇著的《唐国史补》。这篇文章指出古代斯里兰卡与国外进行交流时航海和造船技术方面有了新的突破。另外，S. G. M Weerasingha 于1995年发表的 *A history of the cultural relations*

[①] Werake M., "A New Date for the Beginning of Sino – Sri Lankan Relations," *The Sri Lanka Journal of the Humanities*, 1978, Nol. iv No. 1 – 2, pp. 64 – 72.

[②] Werake M., "Sri Lanka Retaliations During the Pre – Colonial Times," *Sri Lanka and Silk Road of the Sea Sino*, 1990: pp. 221 – 231.

[③] Werake M., *A Re – Examination of Chinese Relations with Sri Lanka During the 15th Century AD*, 1978: pp. 89 – 102.

[④] Gunawardana R. A. L. H., Yumio S. "Sri Lankan Ships in China," *Journnal of Humanities University of Peradeniya*, 1983, pp. 147 – 152.

between Sri Lanka and China，描述了斯中文化交流的海上丝绸之路的历史，可以作为讨论斯中关系的初始证据。Siriweera W. I 写了一篇文章《中国的陶瓷在古斯里兰卡北中部》（阿努拉德普勒，波罗纳鲁瓦等 = Rajarata"），也对古代斯中关系进行了探讨。

"已程不国"，是古代中国对斯里兰卡的另一种叫法，和 Sinhaladipa 是同样的意思。除此之外，古代中国对斯里兰卡使用了大约 33 个名字，如狮子国（shizi guo）、僧加喇（seng jiala）、楞加（lengjia）、兰卡（lanka）、锡兰（xilan）、锡兰山（xilanshan），等等。朱延沣在《古狮子国释名》（载《史学年报》1934 年 9 月）提到，中国早期有代表团到斯里兰卡，其目的是为了考察政治局势以及南亚和西亚之间的贸易和商业货物往来。一些关于斯里兰卡的历史文献也提到斯里兰卡代表团代表斯里兰卡国王拜访了中国。比如在 429、431、438、456 和 460 年，一些佛教教徒代表斯里兰卡国王几次拜访了中国。在公元 3 世纪，佛教学者作为传教士来到南京，他们大多数来自印度和斯里兰卡，也有来自于西方和中亚的，这使得佛教在中国的传播有了很大的进展。与此同时，一些中国佛教徒来到斯里兰卡和印度做佛教文献的收集与研究。中国著名高僧法显（334—420）在他的游记（由 Rev. Wimalabhuddi 于 1960 年翻译成僧伽罗语）里描述了斯里兰卡与中国的历史交往关系，记录了很多反映当时斯里兰卡、印度和中国之间的历史交往关系的重要细节。例如，法显说他在斯里兰卡佛像前看到了中国人制作的塔夫绸做的扇子。他在游记中进一步提到自己怎样乘船从斯里兰卡抵达中国，这有助于了解当时印度洋的海上运输系统。中国的佛教徒释义和玄奘也成为研究当时中国与斯里兰卡历史关系的重要人士，他们的游记已经翻译成斯里兰卡语。笔者认为这些文献对于研究两国或古代印度洋的文化交流非常重要。尽管他们只是抵达印度而不是斯里兰卡，但他们的著作中也反映了中国与斯里兰卡的历史交往关系。

斯中关系蓬勃发展的历史阶段是从 6 世纪开始的。那个时代，斯中两国彼此的接触源自直接或间接的贸易和商业关系。作为古代印度洋贸易的中心港口，斯里兰卡成为中西航行的关键点，是货物交易的理想场所。交易的物品有宝石、香料、珍珠和中国陶瓷、丝绸、漆器等，当地人通过提供中国商品与西方进行商贸联系。最有说服力的记录是斯里兰卡曾使用的奢侈品——中国丝绸。术语"丝绸"首次在古代海上贸易被采用，可以追溯到公元 850 年。丝绸从中国流传到斯里兰卡和世界各地。海上贸易间接地影响和促进了古代中国和斯里兰卡在文化和政治等领域密切的双边关系。

从远东到西方有两条"高速公路"：一条是历史上著名的陆路丝绸之

路,它从中国的西安穿过西亚到达西方;另一条是海上丝绸之路,从西太平洋延伸(例如中国、韩国、日本),穿过东南亚和印度洋到达阿拉伯国家、北非和东非甚至东地中海地区。与陆路丝绸之路沿线的中亚山脉和沙漠相比,海上丝绸之路便利了许多。更详细的介绍可以从伟大的佛教徒法显所写的旅行记《佛国记》中得知,在丝绸之路途中他遇到了很多困难。在海上丝绸之路上,除了丝绸,还有很多贵重货物被运输,包括陶瓷、动植物制品(如棉织物等)、金属制品、矿产品、宝石等。许多史实表明斯里兰卡是东西方国家贸易运输的交汇点。在本书中,笔者想重点强调斯里兰卡作为印度洋航线中运输与航行的交通枢纽的历史作用。

2004年至2006年,笔者和几个中国同学一起撰写的有关陶瓷器研究的文章《斯里兰卡曼泰遗址出土陶瓷产地的初步分析》和《斯里兰卡出土青花瓷的化学成分分析及初探》发表于2006年的《考古与文物》和2008年的《岩矿测试》(*Rock and Mineral Analysis*)上。笔者尽最大的努力来探讨曼泰的中国陶瓷及其在两国交流中的角色。2006年笔者还用英文写了一篇文章"Tang Dynasty Pottery in Sri Lanka"(《斯里兰卡的唐代陶器》)发表于"*Antiquity*"①。

此外,Eva Nagel 发表于2001年的《加勒三语板石上的中国铭文》② 虽然和笔者的研究不直接相关,但是对研究明代的斯中文化交流关系还是有一些借鉴作用。中国学者 W. Pachow 于1954年发表的《锡兰和中国的古代文化交流关系》对两国关系问题做了全面和深入的探讨。中国现代也有很多学者做了跟笔者的研究相关的工作,但是他们探讨的不仅仅是中国和斯里兰卡的关系。

在中国人的词汇里,比较习惯用"中西"这个词,而"西"指的是中国的西部③,从这种层面说,印度、斯里兰卡以及阿拉伯国家都可以称为中国的"西方";而"东方"主要是指日本、朝鲜,中国的很多游记中还常常提到南方和东方,比如《西游记》《下西洋》等。在中国研究关于中西交流(包括了中国与锡兰*或斯里兰卡④的交流)和中国南亚交流的论述中,1988

---

① (i)贾兴和(Priyantha Jayasingha)等:《斯里兰卡曼泰遗址出土陶瓷产地的初步分析》,载《考古与文物》2006年第3期,第76—81页。

(ii) Jayasingha. P.:*Tang Dynasty Pottery in Sri Lanka*:(Project Gallery), *Antiquity*, Vol 80, No. 309:September, 2006.

② Nagel E:*The Chinese Inscription On the Trilingual Slab Stone From Galle*:*Ancient Ruhuna Project Report*,2001.

③ 陈峰君:《东亚与印度:亚洲两种现代化模式》,经济科学出版社2000年版,第4—9页。

④ 冯永钧:《中国南洋交通史》,上海书店出版社1984年版,第272页。

* 在7世纪之后到新中国建立之前,中国大部分的史料都将斯里兰卡称之为"锡兰"(Ceylon)。

年出版的《中国与南亚文化交流志》① 是比较重要的著作，其中中国与印度的交流常常作为航海时代海上丝绸之路的重要研究目标。此外，还有几本书，比如1991年陈高华等人写的《海上丝绸之路》和1981年广东省文物管理委员会、广东省博物馆、广州市文物考古研究所、广州市文物管理委员会合编的《南海丝绸之路文物图集》都是重要的研究成果。

斯里兰卡的佛教也是现代中国学者很关注的一个话题，因为它是古代狮子国与中国文化交流的重要内容，而且在古代佛教徒和贸易常常在陆路或者海路上相伴而生。2008年，中国学者何方耀先生发表的《晋唐时期南海求法高僧群体研究》② 是一篇重要的研究成果。另外，中国学者关注与斯里兰卡相关的方面还有中国的陶瓷器及其海外市场。1982年，中国硅酸盐学会编的《中国陶瓷史》，1983年中国古陶瓷研究会和中国古外销陶瓷研究会写的《中国古外销陶瓷研究材料》都包含了斯中文化交流的重要资料。

---

① 中华文化通志编委会编：《中国与南亚文化交流志》（第10典），上海人民出版社1998年版。
② 何方耀：《晋唐时期南海求法高僧群体研究》，宗教文化出版社2008年版。

第二章　史料所见斯里兰卡 - 中国的文化交流

虽然在考古学上还未发现有力的证据证明斯中之间的文化交流，但是从公元前的几个世纪乃至更早起，斯中两国都已有对文化交流的文字记录传统。其实，自从公元前 2 世纪起，一些重要的斯中文化交流的史实已经作为贸易、政治、宗教的一个附属主题而被讨论过，却没有形成一个完整的体系。自从公元前 3 世纪起，斯里兰卡就是印度洋航线上一个重要的港口，在民间也流传着一些与航海有关的有趣的历史传说。

在古代斯里兰卡，阿努拉德普勒（Anuradhapura）王国早期与中国汉朝、晋朝和南北朝之间重要的外交交流被记录在史籍中。在此时期，两国的佛教文化相互交流，另外，文学作品和建筑艺术也在双方的努力下得到发展。由于斯里兰卡的地理位置，其在中国、印度和罗马三大文明古国的文化交流中扮演着一个中间人的角色，因此斯里兰卡的历史是一个拥有多元文化的历史。在佛教文化环境下的古代中国也出现了相似的情况。

第一节　唐代以前的斯中文化交流

斯里兰卡与中国的文化交流在唐代以前处于初始阶段，该时期也被称为阿努拉德普勒时期（公元前3世纪至10世纪）。该时期斯中两国的关系显示出两国在当时有着诚挚而密切的文化交流。以下是中国学者W. Pachow教授于1954年在斯里兰卡发表的一段文字："诚然，到达印度洋海岸和Lankadvipa 的古代旅行者们并非由于珠宝或财富的诱惑，而是在宗教献身思想的推动下寻求达摩的真谛。把中国与锡兰紧密联系在一起的，正是佛教。通过佛学交流，两国间热烈的友谊持续了1500多年。"①

据史料记载，中国与斯里兰卡早期的文化接触始于汉代，从张骞（公元前164—公元前114年）出使中亚，到通过旅行家（可能是中间商）派送货物到印度、波斯，以及罗马帝国远西的重要城市。② 而中国与印度的接触，此外还有西亚和波斯湾地区的陆上丝绸之路，尽管没有特别提及斯中两国的关系，但依然有线索证明，公元前中国与南亚的间接贸易关系或多或少已经发展了几百年；在此时期还有其他文献对斯中关系做了描述。关于中国与斯里兰卡之间交流最早的可信的参考文献来自汉代，以及初期的阿努拉达普勒王国（有记载的斯里兰卡第一个王国）。普林尼（24—79）曾提到早在海路运输出现前，僧伽罗人已经通过陆路去过中国。他说此信息来自斯里兰卡国王跋帝迦阿巴耶（Bathikabhaya）（公元前19年—9年）在罗马Claudius法庭的大使成员。根据普林尼的描述，这条穿越喜马拉雅山脉的路线③，可能也是公元4世纪时法显从中国到印度所走的路线。历史上有文学作品也曾提及汉代官员被派驻至包括"已程不国"④ 等南亚国家，而更多资料证明"已程不国"正是汉代时期斯里兰卡的古名。据汉史所述，汉代出使斯里兰卡等南亚国家的主要原因是：汉朝皇帝借此宣扬其权力与美

---

① W. Pachow, "Ancient Cultural Relations Between Ceylon and China," *University of Ceylon Review*, 1954, p. 182.

② （i）Bozan Jian, Xunzheng Shao, Hua Hu: *A Concise History of China*, 1981, p. 25.
（ii）Needham Joseph, *Chinese Science and the West*, 1980, p. 90.

③ （i）Pliny, *Natural History*, chap. 24. （ii）Tennent J. E., Ceylon: [1859] Ceylon: An Account of the Island: New Delhi: Asian Educational Services: 1999, p. 607.

④ （i）《汉书》卷二八下《地理志》. （ii）Wernke. M., "A New Date for the Begining of Sino - Sri Lankan Relation," *The Sri Lanka Journal of the Humanities*, 1978 Vol. IV, No. 1 - 2, pp. 64 - 72.

德，以及搜寻奇珍异宝。纵观中国历史，一统全国的汉朝是国力最为强盛、文明最为灿烂的朝代之一。汉代皇帝最为重视的便是财富和政治力量①，因此他们和东南亚建立了广泛联系。中间商通过丝绸之路——从南中国海通过苏门答腊岛向罗马——输出大量中国丝绸和其他奢侈品②，这是中国与西方国家进行贸易往来的基本证据。康拉德·希罗考尔（Conrad Schirokauer）在他的《华夏文明简史》中指出，"中国商人和外交官们都不曾去到那西方③"。

斯中文化交流早期一个最重要的证据就是一位斯里兰卡 Claudius 朝廷的大使所提及的内容。这位大使在公元1世纪评论了斯中之间的商业和贸易交往④。很多外国游历者也留下了他们自己的记录，这些记录对于研究古代斯里兰卡岛的历史意义重大，其中一些有关中国的描述是目前为止斯中之间文化交流的最早证据。

1、2世纪，斯里兰卡国王的大使带着贡品朝拜中国，这种朝拜在公元4世纪后变得更加频繁，⑤ 在此时期斯中之间的政治、宗教和贸易往来更加密切。97年，斯里兰卡泰米尔国王 Dravida（也称作 Yung Yu tiao 国王），派遣使团带着象牙、水牛等贡品朝拜中国。⑥ 根据中国的《后汉书》记载，斯里兰卡的国王咖伽巴忽（Gajabahu，112—134）派遣一个使团带着贡品去朝拜中国皇帝，中国皇帝也给予他们紫色丝绸作为外交的回馈。⑦ 另一位有关斯里兰卡使团的证据是在公元3世纪，一位学者作为使节到达南京，这位学者很有可能来自印度或是锡兰，但也有可能来自西方或中亚，其目的很大程度上是在中国传播和建立佛教。与此同时，中国的佛教徒也到达斯里兰卡

---

① Ibid：p. 22.

② C. Schirokauer, M. Brown：*A Brief History of Chinese Civilization*，1991，pp. 58 – 60.

③ Ibid：p. 60.

④ *History of Ceylon*, by University of Ceylon, 1964, Vol. I Part I, pp. 17 – 18.

⑤ (i) Ibid, pp. 17 – 18; (ii) Senavirathna. John, "Chino – Sinhalese Relations in the Early and Middle Ages," *Journal of Royal Asiatic Society Ceylon Branch* [JRASCB], 1915 – 1916：pp. 74 – 75.
(iii) Bastiampillai. B. E. S. J., "China – Sri Lanka: Trade and Diplomatic Relations Including the Voyages of Cheng – Ho," *Ancient Ceylon*, 1990, pp. 1 – 17.

⑥ Senavirathna John, "Chino – Sinhalese Relations in the Early and Middle Ages," *Journal of Royal Asiatic Socitey* [JRAS], 1915 – 1916：p. 106.

⑦ (i)《后汉书》卷一。
(ii) Senavirathna. John, "Chino – Sinhalese Relations in the Early and Middle Ages," *Journal of Royal Asiatic Society* [JRAS], 1915 – 1916：pp. 94 – 05.
(iii) Werake M., "Sino – Sri Lanka Relations During the Pre – Colonial Times", *Sri Lanka and Silk Road of the Sea*, 1990, pp. 221 – 228.

和印度学习和研究佛经。① 中国的佛教徒法显在其游记中也描述了中斯之间的历史交流。② 他记录了很多那时中国、斯里兰卡和印度三国之间文化交流的重要细节。他记录了自己在阿努拉德普勒（Anuradhapura）的一座佛像前看见了中国制造的扇子（Taffeta fan），③ 这对我们研究早期斯中之间的往来有着极高的史料价值。他在记录中，进一步提到他是乘船从斯里兰卡返回中国，这对于我们研究那时印度洋上的交通系统有很大帮助。在法显离开斯里兰卡后数年，斯里兰卡的文学作品也有提及此事。同时，很多佛教徒团体代表斯里兰卡国王拜访中国。在429年、431年、438年、456年和460年，斯里兰卡的佛教团体先后达到中国，④ 中国学者宝唱（Pao Chang）在6世纪编撰的书籍《比丘尼传》⑤ 也提到在429年来自狮子国的佛教徒。

---

① Needham John: *Science and Civilization in China*, 1954, Vol. I; p. 117.
② Wimalabhuddi B: *A Record of Buddhist Kingdoms or the Travels of Fa - Hsian, Sinhala Translation with Critical Notes*, 1960: pp. 109 – 122.
③ Weerasingha S. G. M.: *A History of the Cultural Relations Between Sri Lanka and China*, 1995, p. 24.
④ Ibid: pp. 22 – 27.
⑤ Pachow W., "Ancient Cultural Relations Between Ceylon and China," *University of Ceylon Review*, 1954, p. 83.

第二节　唐宋时期的斯中文化交流

唐宋时期在以双方贸易来往为基础的文化交流的大背景下，斯中两国的社会经济都得到了发展。阿努拉德普勒（Anuradhapura）王国统治时期，斯里兰卡正处于繁荣发展阶段，季节性的农业和国际贸易使得斯里兰卡的经济得到巨大发展，并使其从阿努拉德普勒到波罗纳鲁瓦（Polonnaruwa）时期（公元前3世纪到12世纪）创造并积累了大量的财富。

唐朝（618—907）两国的交往标志着中斯文化交流进入一个新时期。此时期，在唐朝的统治下，中国的经济、文化都得到了巨大的发展。斯中两国的发展也使两国的文化交流贯穿整个唐朝。根据7世纪和8世纪史籍的记载，斯里兰卡派遣大使到唐朝廷的次数超过6次。斯里兰卡第一次派遣大使到达中国是在唐高宗统治下的总章三年（670）。在此时期斯里兰卡是处于阿咖博底-IV（Aggabodhi-IV）①统治下（667—683），这一历史时期的斯里兰卡由于其稳定的政治环境和以农业为基础的经济发展才能够派遣大使到中国。斯里兰卡第二次遣使到中国的时间是在唐睿宗在位期间的712年，派遣的国王是嘛拿瓦玛（Manawamma）王朝的阿咖博底-V国王②，阿咖博底-V国王在中国被也称为斯拉嚰咖（Silamegha），其在唐玄宗天宝年间③（742）派遣大使达到中国。这些大使到达中国时带来了大量的、珍贵的贡品，包括珍珠、黄金饰品，象牙、宝石和平纹细布。嘛拿瓦玛王朝时期数个阿咖博底都派遣了大使团到达中国。据中国史料记载，另一个斯里兰卡派遣使团到达中国是在746年④，该使团是在佛教僧不空（705—774，Amogavajra，A-mu-chia-che-lo；中国佛教资料记载中叫不空，Pu-K'ung⑤）带领下，带来了大量的宝石和珍珠装饰的丝织品以及《大般若经》的翻印版。现在又发现另一个重要的证据证明在斯里兰卡国王阿咖博底-VI在嘛拿瓦玛王朝时期派遣过两个使团到达中国。这两个使团分别在750

---

① *History of Ceylon*, by University of Ceylon, 1971, Vol. I Part II, p. 806.
② Ibid.
③ 参见［北宋］赞宁：《宋高僧传》，中华书局1987年版。
④ 参见［北宋］赞宁：《宋高僧传》，中华书局1987年版。
⑤ ［北宋］王钦若等编纂：《册府元龟》卷九七一《外臣部》。

和 762 年到达中国,并带来了象牙和珠宝。① 阿咖博底时期斯里兰卡与中国的交往大多与大乘佛教(Mahayana)有关,从那时起大乘佛教得到了相应的发展。在阿咖博底 VI 时代,佛教在促进双方政治交往并使之向前发展方面扮演了重要的角色。同时,在曼泰遗迹中发现了大量与中国 8、9 世纪唐朝时期十分相似的陶片,也进一步验证了这些史籍材料的记载。

唐代是佛教在中国传播和发展的黄金时期。众多的外国佛教徒在此时期到达中国,并且中国一些佛教徒到也达印度和斯里兰卡以寻找佛经和实践佛法。另外,一些中国佛教徒的记录资料对于我们研究中斯文化交流有着十分重要的作用。唐朝时期中国和斯里拉卡的贸易活动在两国的历史上扮演着重要的角色。有关印度洋贸易最有利的证明,就是唐朝大力促进国际贸易的政治环境,以及像斯里兰卡这样位于海洋贸易航线上的国家也积极参与到海洋贸易之中。② 在此时期,斯里兰卡由于其便利的地理位置,成为不仅仅是中国而且是东西方货物贸易的中心,③ 曼泰在 8 到 10 世纪时成为东西方贸易路线④上最重要的港口之一。与此同时,中国在印度洋贸易中起着重要的作用,由此开创了海上丝绸之路。中国的名贵瓷器、丝绸交换来了西方的玻璃制品、药物,特别是斯里兰卡的象牙、珍珠和蓝红宝石。这些在重要的文献中都有记载。670 年⑤、711 年⑥、742 年⑦、746 年⑧、750 年⑨、762 年⑩⑪,斯里兰卡向中国进口了大量的货物和礼品。

---

① Ibid.

② Siriweera I., "Pre-Colonial Sri Lanka's Maritime Commerce with Special Reference to Its Ports," *Sri Lanka and Silk Road of the Sea*, 1990, pp. 125–133.

③ Petech L., "Some Chinese Text Concerning Ceylon," *The Ceylon Historical Journal*, 1954, p. 223.

④ (i) Carwell John, abstract "China Sri Lanka and Islam: The Export of Chinese Wares to the Western World," *The Intenational Conference on Ancient Chinese Pottery and Porcelain*, 1985, pp. 116–118, 30, 47.

(ii) Needham Joseph, *Science and Civilization in China*, 2004, p. 728.

(iii) Bastiampillai B. E. S. J., "China–Sri Lanka: Trade and Diplomatic Relations Including the Voyages of Cheng–Ho," *Ancient Ceylon*, 1990, p. 6.

⑤ 《新唐书》卷二二一下《西域列传下》。

⑥ 《册府元龟》卷九七〇《外臣部》。

⑦ 《新唐书》卷二二一下《西域列传下》。

⑧ 《册府元龟》卷九七一《外臣部》。

⑨ 《册府元龟》卷九七一《外臣部》。

⑩ 《册府元龟》卷九七二《外臣部》。

⑪ (斯)索比德:《古代中国与斯里兰卡的文化交流研究》,山东大学 2010 年博士论文,第 14 页。

在中国，作为一本对研究唐朝有重要意义的史籍——《唐国史补》①，也关注到斯里兰卡的海洋运输和唐朝时期斯中之间的文化交流。唐宋时期，中国和斯里兰卡北部港口都有着非常活跃的贸易往来；众多的政治和宗教团体也先后互访。《唐国史补》中也记载了唐朝统治下的中国与贸易相关的重要政治和社会环境信息。此书把斯里兰卡称为"狮子国"，并描述了其与南海地区的贸易往来，比如，"南海舶，外国船也。每岁至安南、广州。师子国舶最大，梯而上下数丈，皆积宝货。至则本道奏报，郡邑为之喧阗。有蕃长为主领，市舶使籍其名物，纳舶脚，禁珍异，蕃商有以欺诈入牢狱者。舶发之后，海路必养白鸽为信。舶没，则鸽虽数千里亦能归也"②，这一段清晰地记载了斯里兰卡在唐朝时是怎样航行到中国的。另外，有线索表明这些船是从另外一个国家到达南中国海的，这就意味着这些到达南中国海的船是斯里兰卡的。这就充分证明了斯里兰卡和中国之间有密切的往来。最显著的是在唐王朝时期双方的往来达到了高峰，这一时期南中国海有大量的往来中国和斯里兰卡的船只，这些船只每年都在中国的港口停泊。根据中国的记载，在 20 年间有 6 个不同的使团在朝贡唐朝，其中有 4 个来自斯里兰卡，③ 这些使团反映出斯里兰卡国王强烈的外交愿望。尤其是在阿咖博底 - VI（733—772）时期，上文所提到的 4 个使团即是如此。这些国王或许把促进双方贸易往来作为其目的。8 世纪之后，也有一些佛教交流使团作为双方的外交使团互访。这些在 Tsung Ho 时期到达中国的使团都是由阿努拉德普勒王朝的最后一个国王摩哂陀五世（Mahinda - V，982—1029）派遣的。

在宋朝，一些受 Hsi - lan - ch'ih 国王派遣的外交官从斯里兰卡来到中国。另一些是由统治者 Lo Ch'a - Lo - ch'a④ 所派遣的使者。Lo Ch'a - Lo - ch'a 可能是国王 Rajaraja 一世，而且斯里兰卡 "Rajarata" 可能就是阿努拉达普拉，波罗纳鲁瓦（Polonnnaruwa）地区也被称为这个名字。因为 Cholas 那时占领了阿努拉德普勒王国和北部岛屿，这可能更容易让中国人认为 "Rajaraja" 是斯里兰卡的统治者。然而，斯里兰卡并不排斥宋朝。有证据表明，在宋朝期间，斯里兰卡和中国之间的贸易蓬勃发展。中国宋代瓷器在

---

① [唐] 李肇：《唐国史补》卷下，上海古典文学出版社 1957 年版，第六三页。
② [唐] 李肇：《唐国史补》卷下，上海古典文学出版社 1957 年版，第六三页。
③ Sylvain Lev M. I., "Chinese References to Ceylon" *Journal Royal Asiatic Socity Ceylon Branch* [*JRASCB*], 1915 - 1916: Vol. XXIV. pp. 75 - 120.
④ Werake M., "Sino - Sri Lanka Relations During the Pre - Colonial Times," *Sri Lanka and Silk Road of the Sea*, 1990, p. 225.

波罗纳鲁瓦、曼泰、凯茨（Kayts）、雅巴忽瓦等地被发现，也证明了斯中两国当时确实存在贸易关系。M. Werake 的论文进一步证明了斯里兰卡在该地区的港口贸易中的活跃情况。① 同一时间由阿拉伯穆斯林、马来西亚人和东印度人建立起来的贸易组织机构源于公元前 10 世纪。阿拉伯人建立了科伦坡（Colombo）、撒咯里（pieh – lo – li, Beruwala）、卡拉披提雅（Kalpitiya）、持腊瓦（Chilaw）、加勒（Galle）和哇里咖玛（Weligama），作为群体贸易聚居地。② 同一时间，他们在广州建立了定居点。③ 12 世纪，波罗纳鲁瓦地区在国王帕拉卡玛巴忽（Parakkramabahu）一世的领导下，斯里兰卡同穆斯林、中国人，还有缅甸人、南印度的印度教徒，进行海上贸易。因此，在斯里兰卡的波罗纳鲁瓦时期的考古遗址中发现了来自中国、伊斯兰和其他一些东南亚国家的陶瓷。中世纪，斯里兰卡国王和中国皇帝互换使节。根据 Kavayasekaraya 的文献记载，部分中国士兵被编列在帕拉卡玛巴忽（Parakramabahu）国王二世的军队中，以打击从印度南部入侵的军队。1267 年，在缠达巴忽（Chandrabahu）领导下的爪哇（Javanese），在周乐（Cholas）和盘答牙（Pandaya）南印度军队的帮助下入侵斯里兰卡，入侵者在雅巴忽瓦被由中国军队帮助的维加雅巴忽（Vijayabahu）国王二世打败了。雅巴忽瓦镇起初是由一名军队领袖在 13 世纪（1215—1236）④ 建立的。后来在此地发掘出了中国硬币、南北朝时期的瓷碗和越南人⑤仿造的中国钱币。

---

① Werake M., "Sino – Sri Lanka Relations During the Pre – Colonial Times," *Sri Lanka and Silk Road of the Sea*, 1990, p. 224.

② Siriweera W. I., "Pre – Colonial Sri Lanka's Maritime Commerce with Special Reference to Its Ports," *Sri Lanka and Silk Road of the Sea*, 1990, p. 127.

③ "Chou – ju – kua, His Work on the Chinese and Arab Trade in the Twelfth and Thirteenth Centuries", *Hirth and Rock Hill*, 1911, pp. 14 – 16.

④ (ⅰ) Bopearachchi O.: *Catalogue of Indo – Greek, Indo – Scythian and Indo – Parthian Coins of the Smithsonian Institution*, 1993, p. 85.

(ⅱ) Gunarathna R.: *Sino – Sri Lankan Connections: 2000 Years Cultural Relations*, 1986, pp. 29 – 30.

(ⅲ) Weerasingha S. G. M.: *A History of the Cultural Relations Between Sri Lanka and China*, 1995, p. 11.

⑤ Thierry F., "Chinese Coins From the Yapahuwa Site in the Collection at the Anuradhapura museum," *Origin, Evolution and Circulation of Foreign Coins in the Indian Ocean*, 1998, pp. 32 – 35.

第三节　元明时期的斯中文化交流

元朝时期（1271—1368），中国在远东与西方的贸易中发挥着重要作用，斯中关系在元朝时有了新的发展。实际上，元朝统治者对佛教的支持使得两国的友好关系得以重建。同受斯里·瓦加亚（苏门答腊岛）影响的南印度周乐（Cholas）并没有与中国有贸易往来。① 而且所有来往中国的商队都经历了忽必烈大汗（1260—1294）奉行外向型的外交政策的统治时期。在短短二三十年里，中国和斯里兰卡经历了空前紧密的联系，发生了数次使团来往。第一次是在至元初年（约1264），忽必烈命令印度土著王阿补巴卡（Abubaker）去斯里兰卡为其买药物。② 第二次是在至元九年（1272），忽必烈派遣使节到斯里兰卡，这位 I‑hei‑mi‑shih 使节奉命去接纳斯里兰卡贡奉的衣物、马鞍、装饰着玉缰绳表示敬仰佛陀的钵（佛碗）。③ 第三次发生在至元二十六年（1289），Tso‑Chi④ 是大使。至元二十七年（1290），斯里兰卡派遣大使来到元朝廷，晚于斯里兰卡诸王年表所记载的时间，由此证明，派出使团的国王肯定是巴拉卡玛巴忽‑III（1287—1293）。⑤ 此外，Kavysekaraya 记载了一个世纪后，巴拉卡玛巴忽‑III 时代的剑和乐器都来自中国，⑥ 而且中国士兵也曾服役于他的军队。⑦ 在前殖民时代，中国和斯里兰卡之间的政治往来和间接贸易延续至明朝（1368—1644）。明朝是中国历史上的黄金时代之一，明朝的郑和在斯里兰卡的历史上成为不朽的中国人。那时斯里兰卡被称为锡兰或锡兰山。⑧ 郑和多次到达斯里兰卡，这使得斯中

---

① *History of Ceylon*, by University of Ceylon, 1964: Vol. I, Part I, pp. 277, 348.
② Weerasingha G. M.: *A Hitory of the Cultural Relations Between Sri Lanka and China*, 1995, p. 42.
③ (i) Bastiampillai B. E. S. J., "China‑Sri Lanka: Trade and Diplomatic Relations Including the Voyages of Cheng‑Ho," *Ancient Ceylon*, 1990, p. 7.
(ii) *Archaeological Survey Administration Report* [ASCAR], 1911–1912, p. 64.
④ *Yuan Shi* (The History of the Yuan Dynasty), Shanghai: 1938, Ch. 8. p. 1.
⑤ Werake M., "Sino‑Sri Lanka Relations During the Pre‑Colonial Times," *Sri Lanka and Silk Road of the Sea*, 1990, p. 225.
⑥ Werake M., "Sino‑Sri Lanka Relations During the Pre‑Colonial Times," *Sri Lanka and Silk Road of the Sea*, 1990, p. 225.
⑦ (i) *Dambadeni Report*: *D. Asna*, edi. D. D Ranasingha, 1917 (very small text as 9 printed pagers); (ii) Tennent J. E., *Ceylon*: p. 597.
⑧ (i) ［明］马欢：《瀛涯胜览》，冯承钧校注，中华书局1995年版；(ii)《郑和航海图》。

的政治和贸易往来达到顶点。

据文献记载,明朝第三位皇帝朱棣在 1402 年登上王位,1405 年他命令郑和率领由 62 艘船组成的舰队向南方①开拓,以寻求对外贸易和文化联系。在皇帝朱棣的命令下,郑和带领探险队到达南方重点地区的港口和印度洋各地,其中包括到达锡兰数次。② 从 1405 年至 1433 年郑和七下南洋,1408 年是第二次,在斯里兰卡待了很短的时间。郑和几次到达斯里兰卡,不同学者有不同的见解,③ 但普遍认为至少不会低于两次。Luciano Petech 在其著作 *Zheng - He's visits in Sri Lanka* 中,指出历史文献总共记录了 4 次郑和来到斯里兰卡:1406 年是第一次,从斯里兰卡西部上岸;1407—1409 年他没有到达斯里兰卡;1411 年再次进入斯里兰卡,著名的事件是国王 Alagakkonara 被他俘虏;最后一次到达斯里兰卡是郑和第六次下西洋时 (1421—1422)④。在文献中有这样的记载:"郑和在 1405 年到 1407 年开始了第一次向印度南部和斯里兰卡港口的探索,舰队有 317 艘船和 27870 船员,最后到达撒咯里 (pieh - lo - li, Beruvala)。他共 7 次下南洋,仅有一次停泊在斯里兰卡。在第三次航行中,甚至带走作为中国囚犯的 Raigama 国王"⑤。而根据《明史》记载,永乐(Yung - Lo)中期,郑和经过斯里兰卡时,国王 Ya - lieh - k'u - nai⑥ (Algakkonara) 试图伤害他,郑和把他抓获并被带到中国朝廷,最后被中国皇帝赦免。另一个直接相关的事件是郑和在永乐年间来到斯里兰卡,并对斯里兰卡南部沿海佛教寺庙赏赐,并代表

---

① (i) Pachow W., "Ancient Cultural Relations Between Ceylon and China," *University of Ceylon Review*, 1954, p. 186.

(ii) Weerasingha S. G. M.: *A Hitory of the Cultural Relations Between Sri Lanka and China*, 1995, p. 52.

② (i) Pachow W., "Ancient Cultural Relations Between Ceylon and China," *University of Ceylon Review*, 1954, p. 186.

(ii) Weerasingha S. G. M.: *A Hitory of the Cultural Relations Between Sri Lanka and China*, 1995, p. 52.

③ (i) Werake M.: "Sino - Sri Lanka Relations During the Pre - Colonial Times," *Sri Lanka and Silk Road of the Sea*, 1990, p. 225 (mentioned at least on five times), 1990, p. 226.

(ii) Weerasingha S. G. M.: *A History of the Cultural Relations Between Sri Lanka and China* (only mentioned two times), 1995, p. 36, 52.

(iii) Petech L., "Some Chinese Text Concerning Ceylon," *The Ceylon Historical Journal*, 1954, pp. 226 - 227.

④ Ibid.

⑤ Bastiampillai B. E. S. J., "China - Sri Lanka: Trade and Diplomatic Relations Including the Voyages of Cheng - Ho," *Ancient Ceylon*, 1990, pp. 1 - 17.

⑥ Werake M., "Sino - Sri Lanka Relations During the Pre - Colonial Times," *Sri Lanka and Silk Road of the Sea*, 1990, p. 225.

中国皇帝对国王和酋长进行赏赐。这一历史事件被在加拉发现的石刻所证明，石碑上记录了明永乐皇帝对斯里兰卡庙宇的恩赐（1410）。这座山庙（Thenevare）被认定位于现今的德吾尼德拉（Devinuwara）①，这是在斯里兰卡南部沿海的一个古老的港口。另一个郑和到达斯里兰卡的重要证据是：考古工作者在斯里兰卡西部和南部海岸发现了大量明永乐时期的青花瓷器。

---

① Nicholas C. W.：*Historical Topography of Ancient and Medieval Ceylon*，1963，p. 82.

第三章　斯里兰卡-中国海上交通的考古学研究

"汉代已经掌握了关于航道、季风、洋流、天象等航海知识,海船制造技术达到相当水准,海船生产也有一定规模,出土遗物和文献记载均可资证明。造船工艺、航海技术和科学知识不断提高,至唐宋时期,海上交通得到了长足的发展。"①

在本章研究中,我们需要审视中国同斯里兰卡之间的海上交流关系在考古学上的重要性。一般来说,在古代并没有哪个地方独自拥有完全的或占完全优势地位的航海技术。但在一定程度上,当地的航海需求以及对外来航海技术的引进,可以形成地区自身的航海技术传统。而在斯里兰卡相关的历史文献中,我们可以发现不少有关印度同古斯里兰卡自公元前几个世纪以来的主要海洋航行及海上活动。斯里兰卡和印度的历史文献中都有关于印度人多次到斯里兰卡岛进行活动的记录。

海洋航行是人类历史上最富于勇气的活动之一。尽管在航海技术高度发展的今天看来,如今斯里兰卡的航海技术算稀松平常,但回顾历史,不少物质材料和文献资料显示,斯里兰卡自公元前开始便具有一定的航海能力、航海技术。起初,斯里兰卡人只是为采集海底珍珠、贝壳和捕鱼而制造了一些简易的航海工具。② 近年来,海洋考古学家在斯里兰卡岛南部的考古活动中考察并揭示了一些古斯里兰卡的航海技术和方法。

在本书中,笔者将着重强调斯里兰卡在印度洋海上航线运输和航海活动中所扮演的历史角色。关于斯里兰卡在印度洋海上活动的史料,在5世纪南印度人维加雅(Vijaya)所著的《斯里兰卡编年史书》(*Mahavamsaya*)③中有所记载。当时,维加雅和他的船员(700人)到达斯里兰卡岛的东部海岸。此后,大量的外国人(大多数来自印度)涌入斯里兰卡。

---

① 参见王子今:《秦汉交通史稿》,中共中央党校出版社1994年版。
② Nicholas C. W., "Sinhalese Naval Power," *Sri Lanka and Silk Road of the Sea*, 1990, pp. 281–287.
③ *Mahavamsaya*, Aberathna D. H. S (edi.), 1922, pp. 31–35.

历史文献显示，不同的人群在铁瓦纳玛皮呀体萨（Devanampiyatissa）国王统治时期大量进入斯里兰卡（在公元前3世纪的时候该国王从印度引进佛教，建立了当地佛教文化）。而斯里兰卡历史上最早关于博物馆的观念就是出于对一艘海船的保护。在那艘海船上，一位来自印度的佛教比丘尼萨干米塔（Sangamitta）为斯里兰卡带来了菩提树。[①] 后来，越来越多人从印度及其他地方进入斯里兰卡。在同期，阿拉伯、希腊也同印度、斯里兰卡进行着海上贸易，斯里兰卡的航海技术和经验被后来发现的碑铭和考古材料所证实。

最早的关于斯里兰卡同外国进行海上贸易的资料记载，可以追溯至公元前5世纪，那时进入斯里兰卡的商品主要有两种，一是半成品状态的宝石，一是马匹。在对这一时期的考古活动中，发现了当时很流行的用红玛瑙制作的古玻璃粉和缟玛瑙。而在对阿努拉达普拉[②]地区古城堡的考古发掘中，在公元前900年的地层堆积中发现了最早的红玛瑙证据。在中部省份的伊巴安咖土瓦（Ibbankatuva）村的巨石墓地中发现了一串公元前450年的漂亮项链。这串在巨石墓中发现的项链可能是从印度德干（Deccan）进口来的，可能来自德干的那尔玛达（Narmada）村。另外，考古学证据显示那些进口马匹是公元前600年从阿曼（Oman）来的。当时斯里兰卡内陆社会不断上升的贵族消费需求，以及由于农业、畜牧业管理水平提高而导致生产水平过剩而加速的城市化等因素，导致了对这些商品的迫切需求。国际贸易在保证当地权力核心人物的特权上起着决定性的作用，而这些权贵的名字，比如"Parumaka"，则经常出现在公元前250年前的雕刻上。[③]

持续的考古发现对于我们理解这个国家古代进口的物质有帮助。这些材料中最丰富的便是陶器和瓷器（见第四章），它们可以在热带侵蚀性环境中得以持续地保存下来，这对我们的研究意义重大。对这些材料复杂性的研究，显示了当时古印度洋地区国际贸易的广泛性，也体现出在那个历史时期进入斯里兰卡的陶器和瓷器来源的多样性，同时这也是斯里兰卡触角进入南亚、西亚国家的体现。

我们所掌握的关于古代斯里兰卡的海洋技术资料虽然有限，但是这些

---

① Ibid, p. 19.

② Frenando M. Prickett, "Mantai – Mahatittha: The Great Port and Entrepot in the Indian Ocean Trade," *Sri Lanka and Silk Road of the Sea*, 1990, pp. 115 – 121.

③ (i) Pranavithana S.: *Inscriptions of Ceylon*, 1970, Vol. I. xxxiv.
(ii) Gunawardana R. A. L. H. & Yumio S., "Sri Lankan Ships in China," *Journal of Humanities University of Peradeniya Sri Lanka*, 1983, pp. 147 – 152. (iii) Senevirathne S., 1989.

重要的考古遗存已足以揭示出古代斯里兰卡和中国的关系。在斯里兰卡的东方,中国拥有漫长的海岸线以及强大的航海实力。中国在航海技术的利用上有着很长的历史,因此它有着灿烂的海洋文化,并且与海洋相关的历史资料和考古遗存在陆地和海上均有所发现。中国僧人法显记录了当时印度洋上的海洋航行,他提到他乘船花了14个昼夜才从印度河口的塔姆卢克(Tamluk)港口到达斯里兰卡,而且他提到他当时回国乘坐的船上有200名乘客。中国官员李肇所著的《唐国史补》[1],为我们探究当时斯里兰卡的海洋运输以及唐朝时期中国同斯里兰卡的关系提供了重要线索,这本书还记录了当时唐帝国下的中国内外贸易。书中涉及斯里兰卡的地方是宋朝时期[2]中国同南海的狮子国(即当时对斯里兰卡的称呼)的贸易交往。这对我们理解当时斯里兰卡的船舶技术和航行环境来说是重要的参考文献。

斯里兰卡有着丰富的文献记载和出土文物,这些文献和文物见证了古代斯里兰卡与诸多国家、地区之间的联系,如印度洋西岸、地中海地区、东南亚、中国。两条主要航线,以及由诸多港口衍生出的次要航线,再算上不同的往返路线,共同构成了中国到非洲之间广袤的印度洋航线网络。之前对于航线的考证大多只能依靠文本文献的记载(除了少量在斯里兰卡南部和西南部的碑刻和文献外,绝大多数文献都是用阿拉伯语和汉语记载的)。然而,近三十年以来,在印度洋沿岸诸口岸陆续发掘出的考古资料又对文本材料进行了重要的补充和完善。

斯里兰卡沿海包括很多自然形成的海港和海湾(见第五章),这些港湾的贸易路线可以辐射至整个印度洋地区。航线和贸易的发展可以大致划分为三个时间段,依次为中世纪前期和伊斯兰早期(8—10世纪)、中世纪中期和阿拉伯中期(11—12世纪),以及中世纪晚期和阿拉伯帝国末期(13—15世纪)。我们可以将不同的港口与其出土的进口商品所对应的原产地之间建立连线,以复原出整个印度洋的贸易航线网。由这些港口资料复原的中世纪贸易线路表明,在每一个贸易区至少有一个贸易中心,除了在东非肯尼亚的拉穆(Lamu)群岛,一连串小的港口取代了通常商业中心的存在。但是,在Shanga发掘的古代港口可能就是阿拉伯语文献中提及的"Qanbalu"港,并且作为东非地区的核心港口运作。然而,在广州出土的外来物品所对应的原产地信息缺乏考古学证明,另外,东南亚巨港(Palembang)遗址的出土资料并不翔实,使得这次对西印度洋港口的研究受

---

[1] [唐]李肇:《唐国史补》卷下,古典文学出版社1957年版,第六三页。
[2] 同上。

到一定限制，这些港口包括：东非肯尼亚的拉穆（Lamu）、红海的阿塔尔（Athar）、波斯湾的苏哈尔（Sohar）和西拉夫（Siraf），以及南亚次大陆的 Banbhore 和曼泰（Mantai）。

第一节　斯中海上交通线路

古代中国同外国的交往有两条途径，一是陆上，一是海上（即陆上和海上丝绸之路）。① 但在后来的发展过程中，中国同其南海岸以外国家的交往更多的是依赖海路。而通过南中国海同南亚地区发生来往的海上航线在秦汉之前早已开通。② 这是一条开放的丝绸之路，汉代资料记录了当时的丝绸贸易以及中国第一次通过南海抵达东南亚马来半岛、苏门答腊岛、印度东海岸和斯里兰卡。③ 历史资料显示，当时不同的海上通道方向，包括了东方和西方。汉代的地图显示，中国到达了有限的地区，其中一张地图显示汉朝仅仅到达了孟加拉海湾。有著作曾记载："中国与西方的海上交通和贸易也早在汉武帝统治时期已经开始。当时中国商船已由南中国大港出发，沿途访问东南亚一些国家，最后到印度和锡兰（今斯里兰卡）"。④

海上丝绸之路实际上是一个横跨大洋的近海航行网络，从太平洋西岸（例如中国、韩国及日本）始，横穿东南亚和印度洋，到达阿拉伯世界，非洲的东部、北部和地中海东部。海上丝绸之路的主要贸易品有：陶瓷、香料、染料、棉织物、草药、稀有木材、象牙、宝石、金条、金属制品、矿石等，而丝绸所占份额却有限。尽管有些贸易品较之丝绸更重要、更珍贵，但习惯上仍称之为"海上丝绸之路"。应该说，这里的丝绸之路，实际上已转变为东西方贸易通道的代名词。从某种意义上讲，海路船只的运输能力远胜于陆路的大篷车，其在东西方贸易中占据着更重要的地位。"在这个比较复杂的海洋交通网络中，斯里兰卡因地理位置重要、港口资源理想而扮演着中转站的角色。与此同时，它还为这一庞大的贸易系统提供诸如宝石、

---

① 芮传明：《丝绸之路研究入门》，复旦大学出版社2009年版，第2—3页。
② 广东省文物管理委员会、广东省博物馆、广东省文物考古研究所、广州文物管理委员编：《南海丝绸之路文物图集》，广东科技出版社1991年版，第137页。
③ （i）芮传明：《丝绸之路研究入门》，复旦大学出版社2009年版，第2—3页；(ii)《汉书》卷二八下《地理志》；(iii) 陈瑞德、刘如仲等：《海上丝绸之路的友好使者》（西洋篇），海洋出版社1991年版，第5—6页。
④ 朱杰勤：《中外关系史论文集》，河南人民出版社出版1984年版，第3页。

珍珠、象牙、龟甲等珍贵货物，① 成为不可或缺的贸易成员国"②。

早在指南针应用于航海业之前，海上的航路就分为东、西两段。东段从中国的东南沿海出发，绕过印度支那和马来半岛，穿越马六甲海峡，抵达印度；西段从地中海地区的贸易中心埃及出发，经红海，穿亚丁湾入印度洋。这样，东西方的货船，分别沿东、西两段航路驶达印度半岛，就地进行贸易。例如，中国航船将所载货物，或在当地销售，换回明珠、壁流离（也就是琉璃璧）、奇石异物；或由亚丁湾和波斯湾来的大食商人收买，由他们的"蛮夷贾船，转送致之"，再运往中亚或地中海沿岸。

指南针成功地应用于航海事业后，加速了远洋航海事业的发展。至唐代，中国的船舶和外国的船舶均频繁地往返于全线性的航运中，而局部航线也有所调整。航海的路线，从中国东南港口进入南海，穿过马六甲海峡后，无须沿马来半岛西岸绕道北上，而可向西驶入茫茫的印度洋深腹，直接经斯里兰卡进入波斯湾，或沿阿拉伯海，穿过亚丁湾直入红海。③ 至此，海上丝绸之路呈现出一片繁荣景象。

根据张茂林和笔者等人的研究，中国外销的古陶瓷，基本上是从陆路经丝绸之路运销到西亚和欧洲各国。实际上，陆上丝绸之路的交通并不是十分便利，且以骆驼作为运载工具，其行动缓慢、运输量小，使外销规模受到严重限制。不仅如此，唐代中后期以后，随着土耳其帝国的崛起，陆上丝绸之路几乎完全被阻塞。而此时，特别是宋元时代，中国的造船和航海技术得到很大的发展。于是，中西方的贸易和文化主要通过海上丝绸之路（亦即"海上陶瓷之路"）实现往来，中国的瓷器也经此销往世界各地。"海上陶瓷之路""海上瓷器之路"④ 因而成为连接中世纪中国和西方世界及其他地区的一条十分宽阔的陶瓷纽带，这同时也成为东西方文化交流的一座桥梁。⑤

贸易商船从中国的广州、泉州等港口出发，东北至日本、韩国，向东

---

① Bandaranayake S.：*Introductory Note*：Sri Lanka and the Silk Road of the Sea，1990，pp. 8 - 10.

② (i) 贾兴和等：《斯里兰卡曼泰遗址出土陶瓷产地的初步分析》，载《考古与文物》2006年第3期，第76 - 81页；(ii) 张茂林、贾兴和等：《斯里兰卡曼泰遗址出土青花瓷的化学成分分析及产地初探》，载《岩矿测试》(ROCK AND MINERAL ANALYSIS) 2008年2月，Vol. 27，No. 1，第37 - 40页。

③ 禚振西：《耀州窑外销陶瓷初析》，载《中国古代陶瓷的外销——一九八七年福建晋江年会论文集》，紫禁城出版社1987年版。

④ 中国硅酸盐学会编：《中国陶瓷史》，文物出版社1997年版，第224 - 225页。

⑤ (i) [日] 三上次男：《陶瓷之路》，文物出版社1984年版，第4 - 5页；(ii) 中国硅酸盐学会：《中国陶瓷史》，文物出版社1997年版，第224 - 225页。

南至菲律宾群岛,向南到达印度尼西亚,再转向西经斯里兰卡、印度,直至阿拉伯地区和非洲东海岸。①

起自中国广东而同印度、马来半岛的海上联系,在公元以来便凸显其重要性。在稍晚的《汉书》中描绘了当时中国同南中国海地区进行海上贸易的场景。在书中多次出现关于船只类型的描述,例如"贾船"(ku chuang),它们大多来自 baberian 大陆,满载着食物、女仆、珍珠、玻璃、宝石以及其他外国产品。中国的船只经过南中国海到达东南亚、南亚甚至更西面的海域,例如,中国 25 年的铜钱在 Dongson(安南北部)的墓中便有所发现。而西汉王朝的陶器则在爪哇(Java)、苏门答腊岛(Sumatra)、婆罗洲(Bornei)等地也有发现。

---

① (i) 张茂林、贾兴和等:《斯里兰卡曼泰遗址出土青花瓷的化学成分分析及产地初探》,载《岩矿测试》(ROCK AND MINERAL ANALYSIS),2008 年 2 月 Vol. 27,No. 1,第 37 – 40 页;(ii) 贾兴和等:《斯里兰卡曼泰遗址出土陶瓷产地的初步分析》,载《考古与文物》2006 年第 3 期,第 76 – 81 页;(iii) [日] 三上次男:《陶瓷之路》,文物出版社 1984 年版。

第二节 斯中海上交通工具和用具

一、考古发现的航海船只

斯里兰卡关于其海洋技术的记录都源自铭刻,其中所记大多没有早期船只的实际形状和尺寸,记录中的象征性图案只能在一定程度上反映斯里兰卡当时的港口、海关系统的一些信息,并没有提供相关的具体海洋技术材料。只有公元前 2 世纪 Duwegala 的婆罗密①(Bhahmi)石刻上有高高的船头和桅杆图案象征性地展示了船的形象。图 3-1 石刻上的信息是斯里兰卡最早的海船资料。两艘可以追溯至公元前几个世纪的内陆船只船体在河床堆积中被发现。另外还有其他材料,其中印度古钱币上的船(见图 3-2),在某种程度上也可反映出同在印度大陆的斯里兰卡的船型。还有一面 12 世纪的壁画,壁画上有一艘带内陆水浆的小船。而在 17 世纪时,欧洲人又画了几幅带有船的图画(见图 3-3),但是这些图画的画像风格都是亚洲式的。

图 3-1 公元 1、2 世纪的 Duwegala 石刻上的船只图案②

---

① Paranavitana S.: *Inscriptions of Ceylon*, 1970, Vol. I. xxxiv, p. 270.
② Paranavithana S.: *Inscription of Ceylon*, Vol. I, Department of Archaeology, Colombo: 1970, pl. XXV.

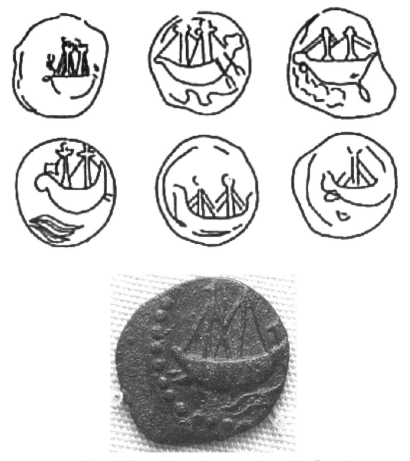

图3-2 上图为古代印度钱币上的船,2世纪(Andhra 传统)①;下图为印度古代 "Vashishtiputra Shri Pulumavi" 钱币(英国博物馆藏)②

---

① Tampoe Moira: *Tracing the Silk Road of the Sea: Ceramics and Other Evidence from the Partner Ports of the Western Indian Ocean* (8th – 10th AD), Central Cultural Fund Colombo Sri Lanka, 1990, p. 103.

② From Wikipedia, the Free Encyclopedia.

图3-3　17世纪，葡萄牙人在康提（Kandy Nathe dewale）庙壁画①上画的船

斯里兰卡的船只有很多类，按造船工艺可以分为河流船只、海洋船只等，以及当地称为"Oruwa""Paruwa""Teppam""Wallam""Yathra Dhoni（图3-4）""Maha Oruwa"②的船，这些船穿梭于内陆河流、湖泊或近海。在很早的时候，各种样式的大小船只从四面八方涌入斯里兰卡的港口。而在不同时期，斯里兰卡同不同的国家打着交道。对于当时的情况，已有历史材料记录了一些船长、船只所有人、乘客、商人或是其他航海者的名字。然而，当我们对这些材料做讨论的时候，对于历史真实性的探索是非常困难的。考古学对早期的海船工艺复原有很大的帮助。最近海洋考古学家在斯里兰卡近岸的河床中发现数目可观的船只遗存。不管怎样，我们可以提出这样一个问题：在古代有哪些类型的船只来到或离开过斯里兰卡？而非争论其中哪些船只是斯里兰卡人所有的。因为斯里兰卡作为一个岛国有各种类型的船只进出，这一点已为历史材料所证明。但是我们并不清楚船只是不是斯里兰卡的，但对其进行辨认也是一个非常重要的问题。

---

① Martin Honouring：*Sailing Ships and Temple Walls*，Quéré o. m. i，ed. Gérard ROBUCHON：2002.
② Devendra S.：*Pre-Modern Ships and Watercraft of Sri Lanka*，1990，pp. 265-269.

图 3-4 模型；斯里兰卡 "Oruwa"（Yatra dhoni）①

斯里兰卡最早发现的船只材料②是一些形制普通的木筏，而据 Sammohavinidhani（公元前 103—前 77 年）一书显示，当时的僧侣便是利用这种木筏在印度和斯里兰卡之间横渡。那种三层甲板的船只则是在南印度和斯里兰卡的近岸贸易中使用。Hornell③曾观察到斯里兰卡人使用一些传统类型的船只，而这些船只在科罗曼德尔（Coramandel）海岸曾有所发现。Hornell 观察到那些斯里兰卡在 Coromandel 海岸活动的船都是挑选出来的桅杆船只。

1 世纪，普林尼曾对当时印度洋上的船只有所记载，他记载当时"斯里兰卡的船只运载了 3000 件两耳细颈瓶，约有 75 吨重"④。普林尼当时对古代斯里兰卡早期桅杆船只的记录是非常重要的参考文献。而且他进一步谈及早期船只的一些情况，他提到"由于桅杆技术的发展，船只的航行所需时间更少。斯里兰卡人所用的船只在载量和速度上都有所进步"。而公元

---

① Hornell J.：*The Origin and Ethnological Significance of Indian Boat Designs*：Memoris of the Asiatic Socity of Bengal, 1923.
② *Sammohavinodani*. Buddhadatta A. P. （edi.）, pp. 445 – 446.
③ Hornell J.：*The Origin and Ethnological Significance of Indian Boat Designs*：Memoris of the Asiatic Socity of Bengal, 1923, Vol. II, p. 157.
④ Crindle M. C.：*Ancient India as Descried in Classical Literature*, 1901, p. 103.

前的铭刻材料显示当时的船只曾用于运输马匹①,这表明那是一艘大型船只。在斯里兰卡古代港口发现一些重要考古材料之前,对之认识不清,例如之前在斯里兰卡南部古代港口古答瓦雅(Godawaya; Gotapabbatha)发现了石长凳,但学界对其功能没有明确的认识,而本书则认为这种石长凳事实上是一种简易的石锚②(图3-5)。

图3-5 斯里兰卡北部和南部的古答瓦雅(Godawaya; Gotapabbatha)发现的简易石锚(石长凳形)

很早的时候,中国人便因泛滥的洪水而使用船只。这些都是简易的小船,竹子是其主要的原料。现在,我们可以将视点转移到中国船只上,审视中国航行家在海上航行技术和造船技术的发展中所扮演的角色③。中国文献资料为我们提供了不少关于航行和船只建造的信息。15世纪,政府派人在南京附近为郑和的船队建造了许多船只(可参见图3-6)。Hornell通过测量调查对这些海船进行了比较。

---

① Paranavitana S.: *Inscription of Ceylon*, 1970, Vol. I Pl. XXV. pp. 8, 46, 72.
② 凌屯声:《中国远古与太平印度两洋的帆筏戈船方舟和楼船的研究》,台湾"中央研究院"民族学研究所1959年版,第105页。
③ Ibid, Vol. IV Part III, pp. 380-381.

图3-6 15世纪郑和的船①

中国在东方是一个有着强大力量和悠久文明的国家,战船(参见图3-7)也有着长久的发展历史,其经久积累的造船经验是其他国家所不能比的。作为一个疆域辽阔的国家,中国经常在战争、自然灾害以及一般性的运输中使用船只,所以当时中国有着世界上其他国家没有的数量庞大的船只。由此可推断,他们在使用船只进入海洋航行前已经在内陆河中(参见

---

① Silva R., "Mantai——the Great Emporium of Cosmos Indicopleustes," *Maritime International Silk Route Seminar*, Colombo:1990 December 12th – 14th.

图3-8)积累了经验。中国的考古学家在古代墓葬尤其是汉墓中发现了大量陶船模型(图3-9)以及大量墓中壁画体现的船只形象。这些模型可以帮助我们推测当时船只的实际大小和外形。

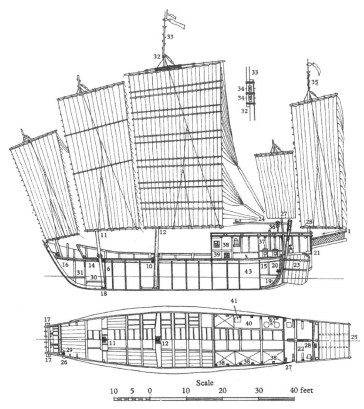

图3-7 中国海船:明代海军用船①

---

① Needham Joseph：*Science and Civilization in China*, Vol. IV Part III, Cambridge：Cambridge University Press, 1971, p.400.

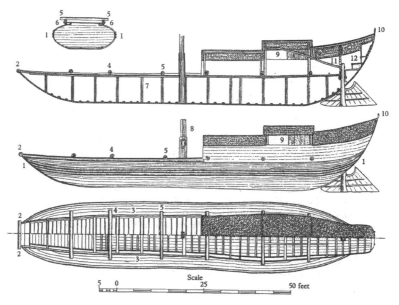

图 3-8 中国长江上游发现的内陆船①

图 3-9 1955 年广州市先烈路出土的东汉时期（25—220）的陶船
（通高 16 厘米、长 54 厘米；船中部有两舱、尾部有望楼、鱼头外形的锚）②

从以往的文献资料中，我们可以发现以下六种类型船只③：
①楼船（带望楼的船只，Tower ships）（图 3-10）

---

① Needham Joseph：*Science and Civilization in China*，Vol. IV Part III，Cambridge：Cambridge University Press，1971，p. 398.
② 广东省文物管理委员会、广东省博物馆、广东物考古研究所、广州文物管理委员会编：《南海丝绸之路文物图集》，广东科技出版社 1991 年版，第 33 页。
③ Needham Joseph：*Science and Civilization in China*，Vol. IV Part III，Cambridge：Cambridge University Press，1971，pp. 424-225.

46

图 3-10 铜提筒①

1983年广州市象岗南越王墓出土。高40.4厘米、口径35厘米、腹径37厘米；腹中部饰一周船纹，高约12厘米；共刻绘4艘大船，每艘各有6人，有的为戴羽冠、穿羽裙、持弓执箭握钺的战士，也有裸身被反剪双手的奴隶，表现了在海上作战的船队凯旋的情景。

---

① 广东省文物管理委员会、广东省博物馆、广东物考古研究所等编：《南海丝绸之路文物图集》，广东科技出版社1991年版，第23页。

②无防护型战船
③带船帽商船
④带船帽冲锋舟
⑤小帆快船
⑥游船

然后,当我们细致检视中国历史资料中关于船只和航海的其他关键名词时,我们从中可以得知不同的船只名称指代不同类型的船只;事实上,这些名称已经隐含了船只的功能,它们用作何种工作,以及船只的外形和技术形式。

商周时期的简易船只表明中国造船业在古代就已经有所发展。到汉代虽然有大量的资料,但是只有少部分涉及海船。公元前219年,秦始皇派大军征服越国,在其主要军事力量中便有水手驾驶的甲板船(楼船)①,这在后来西汉早期有所记录。汉朝拥有的上千艘船只的船队中也有许多楼船。而元朝的远征中更是有一支2000多艘楼船的船队②)。直到最近,在汉墓中还发现大量船只模型,它们大多是陶或木做模型。在汉朝长沙王的封地(大致在今湖南省)内,他们使用木材来制作船只,最大的有25米长,2米宽,其上布满铁质装饰品③。这种类型的船只能够装载上百人,而且这些船都是桨船。而这里还因出土了中国龙船而出名。

我们很难收集到6—10世纪隋唐时期的信息,相比较而言,中国境外的铭刻证据更易获取,对这些证据的解读,可以了解中国船只的信息。这一点非常重要,因为它们显示,在5—7世纪很少有印度使者或者佛教布道者来到中国。当我们谈到中国船只上携带的乘客时,不得不提意大利波带诺内(Pordenone)的奥多里克-马可·波罗(Marco-Polo Odoric)和伊本·拔图塔(Ibn Battutah),他们都是中国船只上携带的乘客。然而一段时期内,在所有活跃在中国南海区域的外国船只中,斯里兰卡的船只是最大的④(图3-11),另外也解释了狮子国来的船是什么样子的⑤,这一点几无争议。但是显然这些斯里兰卡的船只风格并非其本身文化的风格,这一点在中国西部甘肃省公元7世纪的敦煌莫高窟的中国壁画中便有所体现,这些船只有

---

① Needham Joseph: *Science and Civilization in China*, Vol. IV Part III, Cambridge: Cambridge University Press, 1971, Fig. 973.

② Needham Joseph: *Science and Civilization in China*, Vol. IV Part III, Cambridge: Cambridge University Press, 1971, p. 442.

③ Ibid, p. 450.

④ [唐]李肇:《唐国史补》卷下,古典文学出版社1957年版,第六三页。

⑤ 同上。

很强的中国风格。另外，我们感兴趣的还有在东南亚爪哇岛（Java）的婆罗浮屠（Borobudur）在公元 8 世纪或稍早一点时，石壁上大量的船只雕刻形象（图 3-12、3-13）。其他关于航海技术大量有意思的材料是公元 8—12 世纪 Wu Tai 时期 Chu ling Yun 所使用的甲板海船。宋朝的第一个皇帝也认识到船只建造的重要性。

图 3-11 中国船和西方的船①

a′，d′：船在欧洲海，e′，g′：船在东海，e：船在印度洋、斯里兰卡西部
（可能是《唐国史补》说的狮子国最大的船）

---

① （i）Fra Mauro：*1459 Tracing from Santarem*；（ii）Needham Joseph：*Science and Civilization in China*，Vol. IV Part III，Cambridge：Cambridge University Press，1971，p. 473.

图 3-12　8 世纪印尼爪哇佛教庙婆罗浮屠的中国风格船①

图 3-13　8 世纪印尼爪哇佛教庙婆罗浮屠的中国风格船②

---

① Needham Joseph：*Science and Civilization in China*，Vol. IV Part III，Cambridge：Cambridge University Press，1971，Pl. CDVII：Fig. 973.
② Ibid，CDVII：Fig. 974.

元明时期中国的船舶工业已经取得极大发展,根据资料记载,当时的船只能够装载数百人。此时期中国的船只在外形上大多没有变化。另外,描写欧洲船只的中国画在这一时期也极为罕见。

此外,船只的技术形态部分可以透露它们的年代以及原产地是在欧洲和中国,这主要体现在三个方面:帆、船舵、锚。

1. 帆的形态

帆是船只进行远距离航行所运用的最早的、最主要的技术方法。它是在船只上展开帆布,使得船只能够在航行中使用风力和流向进行航行。Joshep Needham's 的《中国的科技和文明》一书中对于中国不同时间和地区的帆的形态进行了大量的描述(图3-14、3-15)。①

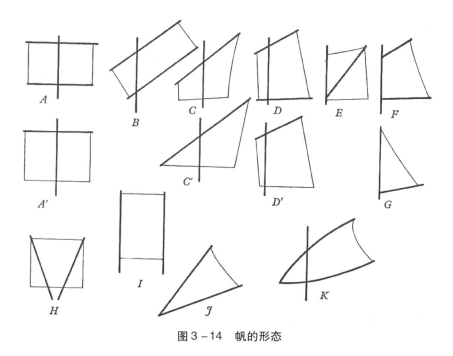

图3-14 帆的形态

---

① Needham Joseph:*Science and Civilization in China*,Vol. Ⅳ Part Ⅲ,Cambridge:Cambridge University Press,1971,p. 588.

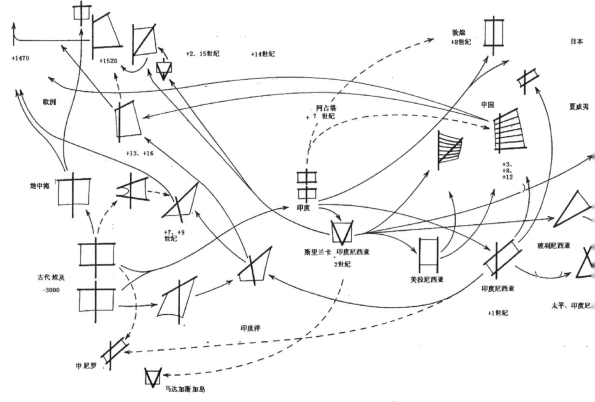

图3-15 帆的形态和它的分布①

  a. 方形帆，以及无桅杆方形帆
  b. 印尼歪斜式带桅杆方形帆
  c. 短舷首大三角帆，以及不带短舷首大三角帆
  d. 大舷首斜桁四角帆，以及小舷首斜桁四角帆
  e. 斜桅杆帆
  f. 单桅杆帆
  g. 羊腿形帆
  h. 印度二裂式大型斜桅杆帆
  i. 美拉尼西亚大型双斜桅杆帆
  j. 波利尼西亚斜桅杆帆
  k. 太平洋大三角桅杆帆

---

① Needham Joseph：*Science and Civilization in China*，Vol. Ⅳ Part Ⅲ，Cambridge：Cambridge University Press，1971，pp. 589，606.

2. 船舵

目前没有发现有关中国古代船只船舵发展、船只动力以及其他此类技术装备的考古实物材料,但是中国水手使用的船桨无疑是中国式的。虽然考古材料在这方面比较欠缺,但是一些古代壁画却透露出中国轴式舵的发展情况。上古和中古时代的图像和考古材料证实了这项技术的存在。在中南半岛发现的铜鼓上便有船舵的图像。而中国敦煌莫高窟洞穴中的佛教壁画中所显示的一些船舵图像无疑是印度式的。

3. 锚

图3-16　1968年斯里兰卡亭可玛里发现的一百年以前的(Yatra dhoni)模型①

---

① Dewendra S.: *Premodern Ships and Watercraft of Sri Lanka*, 1990, pp. 269-270; (ii) Bstiampillai, *Ancient Ceylon*, 1990, p. 1.

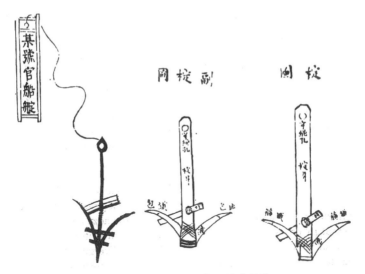

图3-17 中国福建发现的斧锚①

图3-18 1978年广州市铁局巷出土的明代（1368—1644）四爪大铁锚
高3.4米，和宋应星《天工开物》中明代铸铁锚的插图十分相似，显示出明代广州造船业的发展和海上贸易的盛况②

---

① Needham Joseph：*Science and Civilization in China*，Vol. IV Part III，Cambridge：Cambridge University Press，1971，p. 658.
② 广东省文物管理委员会、广东省博物馆、广东物考古研究所等编：《南海丝绸之路文物图集》，广东科技出版社1991年版，第33页。

锚的发展历史可以追溯到史前时代，目前最古老的锚是在埃及发现的。锚的保存情况比较好，因为它一般是由铁或石头所制。在中国，锚的出现要晚于西方，但是中国对于锚的发展做出了重大的贡献。

二、中国人发明的指南针

自战国以来，中国的文献就有关于各种指南装置的记载（定南指，指南指），在传教士到达中国后也有关于磁性罗盘的记载。许多观点认为这些记载所提及的装置就是现在指南针的雏形。自从最近 Wang Chen 解读了公元1世纪的古籍《论衡》中的记载之后，关于指南针的认识发生了革命性的转折：早在1世纪，中国人就能利用磁铁的磁性，后来又应用于航海活动。3到6世纪，中国的文献记载经常提及神秘的磁能。如同欧洲人一样，中国人很早就认识到了磁铁的指向性（见图3-19）。

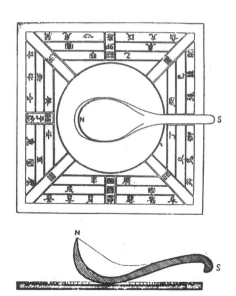

图3-19　上图为一件公元114年中国汉代画像石上的图案
下图为中国战国时期（公元前475—前221）一件称为司南的器物（指南针）①
表明最早的指南针是用磁石做成的勺子。② 由此可见，中国汉代铜制指南针（司南）由磁盘和磁针组成。

---

① Ma Zishu, ect., National Museum of Chinese History, Artefacts of *Ancient Chinese Science and Technology*, He Fei (trans.), Beijing: Morning Glory Publishers, 1998, p. 39.
② Needham Joseph: *Science and Civilization in China*, Vol. IV Part III, Cambridge: Cambridge University Press, 1971, pp. 17 - 18.

自宋代之后，我们发现了中国航海活动使用罗盘的证据。[1] 而罗盘在中国海船上普遍装备之后，宋、元、明关于航海的航迹图、针法指南便开始保存下来。[2]

---

[1] Needham Joseph: *Science and Civilization in China*, Vol. IV Part III, Cambridge: Cambridge University Press, 1971, p. 379; Vol. II, p. 361, 494; Vol. III, pp. 541, 555, 576.

[2] Ibid, Vol. IV Part III, p. 382.

第四章　考古材料所见斯里兰卡-中国的文化交流

第一节　陶瓷

本章主要讲述斯里兰卡和中国文化交流的载体。在过去的几十年中，关于揭示斯里兰卡和中国文化的相互关系，斯里兰卡考古学家已发现大量考古材料。中国陶器、钱币①及石刻是在斯里兰卡发现的最主要的中国人工制品（图4-1）。除此之外，本章也将讨论一些与主题间接相关的人工制品和线索。

中国与斯里兰卡贸易交换的物品种类很多。中国销往斯里兰卡的物品包括丝绸、釉陶器、瓷器、白酒；而斯里兰卡销往中国的物品则包括海龟壳、珍珠、香料（丁香、黑胡椒、肉桂、豆蔻等）、象牙、宝石等。在斯里兰卡的考古发掘中，发现了大量唐宋时期的钱币、陶器、瓷器等（图4-1）。它们虽然不能完整地重现当时斯中两国贸易的繁荣景象，但可以从侧面反映出中国与斯里兰卡古代文化之间的紧密联系。其中，以陶瓷器的发现最为重要。

近期在斯里兰卡发现的中国陶瓷是这样分类的：唐代（618—907）陶瓷是发现最早的陶瓷；后来发现的几种陶瓷是16世纪的陶瓷。唐代陶瓷是在位于斯里兰卡北部中央省（Jetavanaramaya, Abahayagiriya and Mihintale）的佛教寺院遗址发掘的。当时阿努拉德普勒是古斯里兰卡的首都，被称为阿努拉德普勒王国。当时该岛东部的曼泰在阿努拉德普勒王国期间以著名的港口而出名。曼泰遗址在本书的研究中被作为最重要的考古遗址，因为在那里发现了重要的中国陶瓷，包括唐代的陶瓷。根据以往发掘工作的细节可知，大型存储罐在这一时期被广泛使用，这种存储罐平底，短颈口，

---

① （日）三杉降敏：《探索海上丝绸之路上的中国陶瓷器》，载中国古陶瓷研究会中国古外销陶瓷研究会编：《中国古外销陶瓷研究资料》（第三辑），1983年版，第96页。

瓶身有6个水平的把手，内部和外部都施有淡橄榄绿的深棕灰色釉面。这种罐型通常作为储藏容器以及在船运集装箱储藏珍贵的物品。该罐也可用于储藏饮水以及类似酒类的液体，这类型的罐子和瓶子碎片到目前为止只在曼泰港口发现，而在寺院遗址中则没有发现。这也表明这种罐子大多为船运集装箱使用，从而进一步证明了在唐代斯中存在贸易关系。

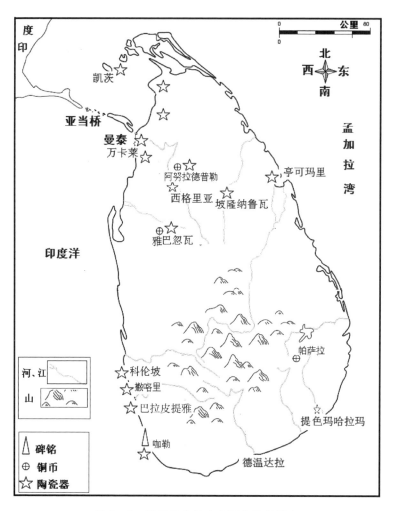

图4-1 斯里兰卡出土中国文物的地点

西北部：曼泰（Mantai）、万卡莱（Vankalai）、凯茨（Keyts），中北部：阿努拉德普勒（Anuradhapura）、西格里亚（Sigiriya）、波隆纳鲁瓦（Polonnaruwa），西南部：雅巴忽瓦（Yapahuwa）等，西部和南部：科伦坡（Colombo）、撒咯里（pieh-lo-li）、巴拉皮提雅（Balapitiya）、加勒（Galle）、德温达拉（Dewndara）、提色玛哈拉玛（Tissamaharama）、帕萨拉（Passara）

除了灰棕色内外釉面装饰的储物罐，黑色石头条纹装饰、深棕色石头装饰的存储罐和碎片也在曼泰港口被发现。除此之外，各种各样的中国碗也在阿努拉德普勒寺院的考古遗址和 Mihintale 古代医院遗址被发掘。这些物品可确定年代在中国晚唐和五代时期（902—979），一些可能被皇室使用，但是没有在皇宫直接发现这类遗物。越窑青瓷器、长沙窑瓷器、唐代白色和棕色釉陶瓷制品从阿努拉德普勒寺院遗址中被发现。当时，大多数陶瓷装饰品被用作当地政府和外交的宗教礼物，以及斯里兰卡从事东西方之间货物运输的国际贸易物品。因此，陶瓷在沿海港口发现的数量总是大于内陆。

在斯里兰卡发现了另一组具有意义的宋代（960—1279）陶瓷，但是根据 1980 年、1982 年、1984 年在曼泰的发掘记录，只发现了少量伴有伊斯兰商品的北宋瓷器碎片。南宋瓷器包括白色陶瓷餐具、绿黄色釉面瓷器和橄榄绿装饰碗，都在斯里兰卡北部中央省波罗纳鲁瓦遗址被挖掘。其中大部分瓷器来自广东省的粤窑、浙江省的龙泉窑、福建省的德化窑、湖南省的长沙窑和江西省的景德镇窑，这些都是中国南部最著名的产瓷器的地方。南宋陶瓷另一个重要的遗址是在雅巴忽瓦岛内西北部。在雅巴忽瓦发现了三个完整的碗，包括两个白瓷碗和一个青瓷碗。在斯里兰卡的几处考古遗址发现了出自元朝（1271—1368）末期、明朝（1368—1644）和清朝（1616—1911）的青花瓷器。最主要的证据是在波罗纳鲁瓦发现了元朝的青花瓷碎片。根据文献和考古发掘得知，大约在 14—16 世纪许多青花瓷器被引进斯里兰卡。郑和曾来访岛内 4 次，这个已被从加勒港口发现的三种语言描述的碑文所证实。另外，在西南部和南部沿海也发掘出青花瓷。在斯里兰卡国家博物馆里，有一些捐赠的和考古发现的未破损的青花瓷器和元朝黑白单色的瓷器收藏品。

本章是笔者的研究中最重要的一部分，因为笔者所提供的分析都是通过研究一些在斯里兰卡考古遗址所发现的中国瓷器碎片完成的。其中，在曼泰港口发现许多外国陶瓷，因为自公元前 3 世纪以来，曼泰就被看作著名的港口。自 6 世纪以来，它又是维持斯中两国贸易关系的重要港口。因此，曼泰作为重要的古代港口，是笔者开展研究最适合的地方。

一、斯里兰卡陶器情况

作为考古学文化遗存，陶器已经成为斯里兰卡文化至关重要的部分。在岛内考古遗址中，陶器的发现十分普遍。关于斯里兰卡古代海上商业贸易和文化交流，有诸多的记录，尤其在亚洲的一些文献中常常被提及。在 Kegalle 附近的 Dorawakakanda 发现了未经修饰的泥质红陶和石器，这些陶器作为当地原始陶器生产的重要证据，最早可以追溯到公元前 6300 年。也许还有一些新石器时代的线索①，可惜由于斯里兰卡考古学材料不够丰富，新石器时代陶器的演变序列尚未建立。但 Black and Red Ware（BRW）的最早证据已经追溯到公元前 3100 年。另外，铁器时代的巨石墓葬已经清晰地表明 Black and Red Ware②（BRW）文化曾经在此出现过。研究认为 BRW 文化很可能与印度南部的巨石文化有关。可以说，斯里兰卡历史上很长一段时间拥有自己的陶器文明。除了铁器时代的少量证据，更加重要的是传统陶瓷工业（大部分为陶器）已经被发现，并可追溯至公元前 1120 年的彩陶。在阿努拉德普勒城堡的地层中出土了带刻划纹的陶片，铭刻"ᨑᩥᨀᨰᩯ"被刻画在较平的灰陶片上，这些陶片最早可以追溯至公元前 600—前 500 年。刻划纹陶片的另一个例子是处于斯里兰卡南部海岸的提色玛哈拉玛亚 - Akrugoda 遗址出土的公元前 200 年的陶片。原始时期制陶技术有两种：手工和轮制。在公元前 2000 年这一段时间里，斯里兰卡制陶者发现了很好的方法区分普通黏土和陶土，因此他们制作了各种各样质量良好、技术精良的小件陶器，包括闻名于世的 BRW、陶、红陶、黑陶、素面红陶和灰陶。

传统社会陶器的使用主要可以分成两个方面：日常生活用陶和宗教礼件，部分是特别为葬礼准备的。这种葬礼用器在斯里兰卡的 Pomparippu，伊班卡土瓦（Ibbankatuwa，墓：见本书图 4 - 45f）、阿努拉德普勒（Anuradhapura）、gedige、Gurugalhinna、Karainagar、Kantaroddi、曼泰、Mammaduwa、Machchagama、Rabewa、Pin - wewa、Makevita 的巨石墓葬遗址中出现最为频繁。据笔者观察，宗教在早期历史和制陶技术发展史上都有影响，部分陶器式样在佛教及印度文明中也有出现，如陶灯（僧伽罗语"Pahana"）、陶钵（"Pathraya"）等。5、6 世纪，斯里兰卡在制陶业在数量和质量上都逐渐发展。陶器用当地粘土手工制造或使用简单的轮制，并在村庄中的小窑址烧造。不幸的是，目前暂时没有发现古代陶窑遗址，不过已经有许多历史性证据、描述性证据提及许多以制陶闻名的地区和制陶工业的存在。大约 7、8 世纪，我们发现了许多陶器外部施釉或上部口沿施釉，陶器施釉在制陶史上是重要的进步，但至今斯里兰卡釉陶尚没有被充分研究。12 世纪波罗纳

---

① Dearaniyagala S. U.: *Pre - and Proto Historic Settlement in Sri Lanka*, 1992, 1996, p.734 (Wijayapala W. H.: 1992 in id. Ip. The Final Analyses and the Site Report Pend).

② Bopearachchi O., "New Archaeological Evidence on Cultural and Commercial Relationships Between Ancient Sri Lanka and Tamil Nadu," *History and Archaeology*, Vol. 1 No. 1 (Summer 2004), pp. 60 - 72.

鲁瓦时代，陶器制造业飞速发展，但尚未有证据证明传统瓷器制造出现。目前，历史学和考古学证据表明，斯里兰卡有大量来自中国和伊斯兰国家的陶瓷，因此，古代制陶者是使用传统方法促进其以僧伽罗佛教社会对陶器的需求为基础的制陶业发展的。也就是说，一千年来的制陶传统，比如形状和类型能流传至今，千年而未改变是一个奇迹。

二、印度和伊斯兰陶器

考古学家在斯里兰卡考古学材料中提及，进口陶瓷早在公元前6世纪就被发现。来自古印度、波斯、伊斯兰国家和中国的陶瓷占多数，在沿海城市的遗址及一些离古印度较近的港口也发现了少量希腊和罗马陶瓷碎片和整件器物。其中古印度的陶器是最早输入的国外陶瓷，可以上溯到公元前6世纪。转而审视斯里兰卡在原始时期、早期历史时期、中期历史时期发现的古印度陶瓷，阿努拉德普勒古城发掘资料（见表4-1）已经显示了斯里兰卡和南印度的文化交流，而在此地发现的古印度陶瓷被认为是北部印度的黑红陶，碳十四（C^{14}）测年的结果是公元前860—前550年[1]。公元前4世纪，古印度轮制陶器成为一种奢侈品[2]。在文物博物馆和考古博物馆中储藏和陈列的古印度陶瓷也十分稀有。

（1）1980年在曼泰遗址中发现的轮制陶碗碎片，其时代为公元前250年至公元200年。精美规整的灰色细陶片的内外部都有黑色边沿和光亮的抛光。这种轮制陶器浅底、素面、口沿内卷、口沿处附鸟形嘴，一般有轮制盘带装饰。科特考古博物馆展出了一枚直径46厘米、高6厘米的轮制陶片。

（2）另外一个古印度陶器的例子是出土于阿努拉德普勒（Jetavna）[3]寺庙遗址的管口容器，年代为1至400年。这一管口容器为 Red Polished Ware（RPW）色，用粉红色细粘土掺沙制造，有光滑的红色外沿和高度磨光，口沿直径5.5厘米，腹直径为13厘米，现于Jetavna博物馆展出。

（3）在曼泰，阿努拉德普勒和Abayagiriya寺庙遗址发掘出土的Rim and Sprinkler neck碎片，年代为1至400年，其工艺类型为古印度红色磨光Red Polished Ware（RPW）式棕色或是红色夹砂黏土陶片，外部和可见的里部表面是磨光的红橙色、棕色，上部直径为8厘米、8.7厘米、5.7厘米，下直径为12厘米及7厘米。这些陶器碎片在科特和Abhyagirya博物馆都有展出。

---

[1] Deraniyagala S. U.: *Pre - and Proto Historic Settlement in Sri Lanka*, 1992, pp. 13 - 42.
[2] Ibid, p. 712 - 713.
[3] Rathnayake H.: *The Jetavana Treasure*, 1990, pp. 45 - 55.

(4) 古印度式喷水壶最早可以追溯到100年至400年。这种浅粉色的陶器从其形制、装饰上来看，烧制火候较高，外表颜色较深，内部颜色较浅，表面不光滑，颈部最大直径为8厘米，是另外加上去的。这一件器物在Jetavana文物博物馆中展出。

(5) 夹砂广口白陶瓶碎片，可追溯至6至11世纪，其外表光滑，在白色光洁的器表装饰有染红的平滑线条，这一类陶器陈列在Abhayagiriya文物博物馆和科特考古博物馆。波斯、美索不达米亚、伊斯兰陶器及中东陶器作为普通商品在同一时期（6、7世纪）的曼泰海港口遗址、阿努拉德普勒Jetavna和Abhyagirya遗址及米欣特莱医院内陆遗址中均有发现。

这一时期最主要的伊斯兰陶瓷制品在岛内北部和东北部港口十分普遍，另外，还在其他波斯湾沿岸主要地点、阿曼、非洲沿岸、印度洋沿岸、泰国及中国[①]等地有发现。早期撒克逊伊斯兰蓝色绿松石和柔和的乳白色碱釉广口瓶碎片，可以确定出土于斯里兰卡的一些港口，比如西北端的曼泰港。大规模集中的进口的撒克逊伊斯兰陶瓷是在1980年及1984年发掘的曼泰地层中发现的。发掘中出土了撒克逊伊斯兰绿松石釉陶、黄陶和乳白釉陶，其中沟A出土伊斯兰彩绘釉陶152件，包括37件晚期五彩拉毛陶瓷，沟A、B、C（图4-3）共出土墨绿陶片近230件、早期釉陶1件、奶黄色胎体陶瓷11片[②]。

此外，还有发现于6世纪斯里兰卡海上贸易最为重要的港口曼泰的基督教石刻，现于阿努拉德普勒博物馆[③]展出。

中世纪以后，这一地区出现了典型的带有伊斯兰和中国混合风格的陶瓷，同一时期，中国陶瓷在数量和质量上都高过伊斯兰陶瓷。早在1世纪，进口陶瓷在古代斯里兰卡就扮演着非常重要的角色，这一时期可以将斯里兰卡外国陶瓷划分为几个重要的类型：古印度陶瓷（公元前800年—600年）、伊斯兰陶瓷（包括美索不达米亚平原、波斯、伊朗、叙利亚在内，5—13世纪）、中国陶瓷（6—16世纪）、欧洲陶瓷（包括葡萄牙、荷兰及英国，16—18世纪）。本章前面已经讨论过，外国陶瓷在斯里兰卡不仅仅是商品，也是宗教和政治的礼物，同时部分陶瓷在殖民时期被作为日常用品。因此可以说，这些外国陶瓷展现了斯里兰卡历史重要的社会经济面貌（见

---

① Frenando M. Prickett, "Durable Goods: the Archeological Evidence of Sri Lanka's Role in the Indian Ocean Trade," *Sri lanka and Silk Road of the Sea*, 1990, pp. 61 – 84.

② Carswell John & Frenando M Prickett, "Mantai 1980: Preliminary Investigation," *Ancient Ceylon*, 1984, V, pp. 3 – 80.

③ Carswell John, "The Excavation of Mantai," *Ancient Ceylon*, 1990, 7 (1), pp. 17 – 28.

表4-1)。

表4-1 斯里兰卡发现的外国陶瓷器①

样品类型	出土地点	时代	斯里兰卡遗址
灰陶器（PGW）	印度南部中心	公元前600—前500年	阿努拉德普勒城堡
北部磨光黑陶器（NBP）	印度北部	公元前350—前250年	阿努拉德普勒城堡
希腊式黑陶	地中海东部	公元前250—100年	阿努拉德普勒城堡
螺旋纹陶器	印度南部	公元前50—300年	阿努拉德普勒城堡祇陀林佛塔，曼泰Kantarodai，Abayagiriya
黑漆陶器	伊朗东南部	公元前200—400年	Kantarodai
优质光滑红褐陶器	印度或伊朗	公元早1—早2世纪	Kantarodai
东部地中海优质红陶器	地中海东部	2—3世纪	曼泰
印度-波斯萨珊王朝优质陶器	印度西北	公元晚2世纪	阿努拉德普勒祇陀林佛塔
亮红陶器（RPW）	古吉拉特邦和马哈拉施特拉邦	1—3世纪	阿努拉德普勒，曼泰堡祇陀林佛塔 Abayagiriya
晚期亮红陶器	印度	4—7世纪	阿努拉德普勒、曼泰
晚期亮红陶器（白色高岭土胎）	印度	5世纪	西格里亚
优质红漆陶器（白色高岭土胎）	印度	5—7世纪	阿努拉德普勒、西格里亚、Abayagiriya、曼泰
泥质陶器	印度	4—7世纪	曼泰

① 引自：Frenando M. Prickett, "Durable Goods: the Archeological Evidence of Sri Lanka's Role in the Indian Ocean Trade," *Sri lanka and Silk Road of the Sea*, 1990, pp. 81-82.

续表

样品类型	出土地点	时代	斯里兰卡遗址
浅黄树脂线纹沙质陶库存器	西南伊朗、伊拉克（波斯湾）	4—5世纪	阿努拉德普勒城堡、西格里亚、曼泰
Partho 波斯萨珊王朝磨光蓝绿瓶	西南伊朗、伊拉克（波斯湾）	2—3世纪	阿努拉德普勒城堡、祇陀林佛塔、曼泰
早期波斯萨珊王朝穆斯林（翠绿色碱性玻璃釉软脂纤维仓储瓶）	西南伊朗、伊拉克（波斯湾）	4—5世纪	阿努拉德普勒城堡、祇陀林佛塔、西格里亚、Abayagiriya、曼泰
不透明白釉（白黏土胎）	伊拉克南部、西南伊朗	8—10世纪	阿努拉德普勒城堡、Abayagiriya、曼泰
不透明白釉彩色斑点陶器（白粘土胎深蓝或蓝绿釉）	伊拉克南部、西南伊朗	8—10世纪	曼泰
早期磨光陶器（白黏土胎）	叙利亚北部 伊拉克南部	9—10世纪	阿努拉德普勒城堡、Abayagiriya、曼泰
纯绿色和彩绿色斑点（石墨釉）	西南伊朗、伊拉克	10—13世纪	阿努拉德普勒城堡、曼泰
绿色散点"石墨釉"（Late Sgraffiato）	西南伊朗、伊拉克	11—13世纪	曼泰
贴花和/或泥质黄色纤维水瓶	西南伊朗、伊拉克	7—9世纪	曼泰
*进口中国陶器（见第四章）			

三、斯里兰卡发现的中国陶瓷器

（一）中国外销陶瓷器简史

陶瓷技术是中国古代最伟大的发明之一。在中国的历史长河中，陶瓷业存在连续的发展过程。在距今26000至10000年的旧石器时代，有一些关于用黏土制作陶瓷器的考古以及文学的有趣原始材料①，并且还有许多发现陶器的遗址。一些已发现的证据表明，中国人的祖先在距今10000年前已经开始陶瓷的制作。在江西省万年仙人洞遗址和河北省徐水遗址②已经发现了关于中国原始陶器的早期考古资料。商朝（公元前1600—前1046）是中国陶瓷史上最重要的时期之一，在这一时期，硬陶和原始瓷被首次制作出来。丰富的制陶经验推动了高温以及可控制窑火的陶窑的使用，达到1200的窑火温度③，并使用了灰色胎体、蓝色以及灰色釉。这可能是原始瓷器在商代④有了长足发展的一个重要原因。商代陶瓷业被认为是中国陶瓷史上的初期阶段。

西汉（公元前206—25）是中国古代陶瓷史上另一个有显著发展的时期。从商代至西汉超过一千年的时段里，青瓷（原始瓷器）在数量和质量上都有了提高。在东汉，最有名的青瓷窑是在中国南部浙江省的龙泉窑。从三国（220—280）到南北朝（420—589），青瓷在中国的发展延续了300多年。同时，从中国南部到北部的陶窑群来看，由于各自不同的技术，陶器工业形成了华南和华北两个不同的体系。白瓷是古代中国北方陶窑最出色的产品之一。中国白瓷质量好并且是古代陶瓷业大量制造的品种之一。一个能反映白瓷质量的证据，就是在法语中中国白瓷被称为"Blanc de China"⑤，意思是白色中国。毫无疑问的，白瓷是中国陶瓷发展的一个重要阶段，其胎体和釉的铁含量都低于1%。窑火和烘烤的温度是高度氧化的最重要因素。6世纪初，中国北方的瓷窑已经成功制造出白瓷，这直接影响了后来青花瓷（蓝釉）、红釉瓷、五彩瓷、多彩瓷以及其他暖色瓷器如粉色、

---

① Vandiver Pamela: *Paleolithic Ceramics and the Development of Pottery in East Asia 26000 to 10000 B. P*; *Smithsonian Center for Materials Research and Education*, U. S. A; 1990, p. 1.
② "Ceramics" National Museum of Chinese History, Artifacts of *Ancient Chinese Science and Technology*, Beijing: 1998, pp. 64 – 85.
③ "Ceramics" National Museum of Chinese History, Artifacts of *Ancient Chinese Science and Technology*, Beijing: 1998, pp. 64 – 85.
④ 中国硅酸盐学会编：《中国陶瓷史》，文物出版社1972年版，第73 – 80页。
⑤ Ibid, p. 64.

淡绿色等瓷器技术的发展。同时，陶窑有了快速的发展，制陶工具如匣钵在这一时期用于瓷器的烧制。另外，中国古代陶瓷业发展为南方瓷器和北方瓷器两个体系。毫无疑问，陶瓷出口业有了一个转折。

隋朝、唐代以及五代时期被认为是中国瓷器发展的里程碑，出口至外国市场的陶瓷生产扩展到一个较大的规模，在技术和艺术层面上，制作陶瓷的技巧都有了提高。① 另外，在西汉晚期创立的窑业到了唐朝和宋代达到充分的繁荣。② 同时，中国瓷器从华南港口出口到国外远至远东、南亚、近东亚，以及中东国家。③ 因此在唐代以后，瓷器的形制、装饰、风格在一定程度上有所改变，以迎合国外的需求。同时中国瓷器代替了其他外贸产品如丝绸、黄金、漆器④，成为主要的外贸商品。在这以后，多数学者喜欢采用"陶瓷之路"⑤ 来命名从中国南海到西方（东方至西方）的海上丝绸之路⑥。从唐代起，在国外乃至全世界，华南越窑生产的青瓷和北方邢窑生产的白瓷最能代表中国瓷器的水平。在唐代，越窑生产的瓷器以细腻的胎体、光亮的釉色为标志，这是为什么越窑瓷器被形容为像玉、像冰、像青翠的山峰那样漂亮（"类玉，类冰，千峰翠色"）⑦。这类出色的瓷器在中国西北部的西安法门寺中被发现。⑧ 在唐代，三彩瓷成为最有名的瓷器之一。唐三彩有特别的装饰图案，例如人兽图（装饰制品或是葬礼用品），并且这种图案在黄绿釉瓷器、墨绿釉瓷器以及彩釉瓷器中较为常见。笔者认为收藏在斯里兰卡国家博物馆的瓷狮子（图4－11）是中国的唐三彩，并且在其他国家也发现过这类型瓷器，说明中国与其他国家有宗教上的往来或存在友好的外交关系。

长沙窑瓷器是晚唐时期典型的具有较高质量的瓷器。长沙窑瓷器结合了北方邢窑、定窑以及南方越窑瓷器的特点。尽管它没有延续很长时间，但长沙窑瓷器在国外很有名。其亮丽的颜色如黄绿色、蓝色以及形制是长沙窑瓷器成为重要出口商品的主要原因。在沿中国南海、印度洋东西海岸

---

① 中国硅酸盐学会编：《中国陶瓷史》，文物出版社1972年版，第224－225页。
② 慈溪市博物馆编：《上林湖越窑》，科学出版社2002年版，第230页。
③ （i）Ibid.（ii）Needham Joseph：*Science and Civilization in China*，2004，pp. 714－715.
④ Needham Joseph：*Science and Civilization in China*，2004，pp. 714－715.
⑤ 中国硅酸盐学会编：《中国陶瓷史》，文物出版社1972年版，第224－225页。
⑥ "海上丝绸之路"是相对"陆上丝绸之路"（自中西中国西安到亚洲中部、印度、西方的国家的线路）而言的。
⑦ "Ceramics" National Museum of Chinese History, Artifacts of *Ancient Chinese Science and Technology*, Beijing: 1998, pp. 64－85.
⑧ Ibid.

线的许多国外考古遗址中,包括马来西亚,印度的马德拉斯、迈索尔,斯里兰卡,特别是伊斯兰国家如伊朗、萨玛拉和伊拉克①都有发现中国长沙窑瓷器的碎片。

宋朝是中国陶瓷史上最重要的时期之一,陶瓷鉴赏和生产空前繁荣。宋朝有许多著名的重要瓷窑,汝窑、钧窑、官窑、哥窑以及定窑是其中的五大名窑。汝窑生产的瓷器,釉色润泽;钧窑则生产红釉瓷器,颜色如夕阳般夺目;哥窑的特点在于人工裂纹。其中,最著名的是汝窑瓷器,尤其是其青瓷采用了特别的釉。汝窑瓷器根据颜色即天青色、天蓝色、月亮白以及葱绿色,基本上可分为四种釉,其控制窑火温度和釉的制作非常难。在宋朝,瓷器的生产和技术达到了前所未有的高度。可以说,唐代陶瓷业和技术到了宋代有了进一步的发展,而且在中国第一次可以看到两种不同的瓷窑体系:官窑和民窑。一些著名的官窑,如龙泉窑②、景德镇、磁州窑、耀州窑、建阳窑、德化窑、潮州窑主要分布在中国南部。自宋朝以来,南方瓷窑生产的瓷器在国外如东亚、南亚、西亚和地中海地区最受欢迎。③

当时,华南的港口如广州、明州(现浙江宁波)、杭州、泉州等是中国古代国际贸易最著名的港口。在中国宋代史书《诸蕃志》④ 中,有关宋代陶瓷外销的记录着重记载了15个与宋朝有陶瓷贸易的亚洲国家或领土,并且贸易条目还很清楚地指出哪个国家需要哪种瓷器。另外,还有描述宋朝海上贸易的杰出的文学作品。⑤

对比宋朝在视觉艺术上大获成就的陶瓷业,元朝时瓷器业继续发展,唐宋时期出现的青白瓷和青花瓷工艺到元朝时已臻成熟。

首先,青花瓷和釉里红瓷被成功烧制并且技术日臻成熟。青花瓷是在透明釉下施蓝彩,即使经过长时期的使用和贮存,其蓝色在釉层保护之下依然显色良好。在这些窑中,景德镇窑在技术上有所突破,其改变了制作材料,提高了烧制温度,因此得以烧制大型器。第二,中国画与瓷器制造业的结合,粉彩顺势而生。第三,颜色瓷烧制取得巨大成功。元代以前,人们烧制瓷器颜色的选择很少。元时,浙江龙泉窑生产的青瓷、江西景德

---

① (i) Ibid; (ii) Needham Joseph, *Science and Civilization in China*, 2004, p. 728.
(iii) 中国硅酸盐学会编:《中国陶瓷史》,文物出版社1972年版,第225页。
② "Ceramics" National Museum of Chinese History, Artifacts of *Ancient Chinese Science and Technology*, Beijing: 1998, pp. 64 – 85.
③ 中国硅酸盐学会编:《中国陶瓷史》,文物出版社1972年版,第306页。
④ (i) 冯承钧:《诸蕃志校注》,中华书局1956年版;(ii) 中国硅酸盐学会编:《中国陶瓷史》,文物出版社1997年版,第307页。
⑤ 中国硅酸盐学会编:《中国陶瓷史》,文物出版社1972年版,第306页。

镇青绿釉瓷、中国南部福建的一些窑址都生产出质量较高的瓷器。南亚及东南亚海路沿岸的遗址发现了许多质量精良的元代瓷器。《岛夷志略》一书中提到许多中国以外的元代瓷器出土地点，书中列出56个国家和它们发现的瓷器①。如今这些国家的名字可以证实为当前的日本、菲律宾、印度、越南、马来西亚、印度尼西亚、泰国、孟加拉及其他西亚和南亚的国家。②

景德镇可以说是明代中国的瓷器之都。随着这一区域的瓷器制造业技术的发展，大批中国瓷器被生产出来。明永乐、宣德、成化年间，青花瓷成为这一区域的主流瓷器。精致的厚釉、多样充足的形式是永乐和宣德年间瓷器的基本特征。成化年间瓷器一般施精致的透明釉并绘有中国水墨画。明代晚期，青花瓷的发展在嘉靖、隆庆、万历年间又一次达到高峰。清代青花瓷制造上升到一个新的高度并开始在世界范围内绽放异彩。清代青花瓷又以康熙、雍正和乾隆年间的最为著名。目前，中国古代瓷器制造业是暂存的跨越地域的文化遗产，尤其是青花瓷越来越受到世界其他国家人民的欢迎，瓷器已影响到非洲及欧洲的奢侈品市场，在很多地方还发现了青花瓷的仿品。

（二）斯里兰卡发现的唐宋时期陶瓷器

古代中国与斯里兰卡的文化联系十分紧密。这其中，以陶瓷器的发现最为重要。中国古代陶瓷器在斯里兰卡分布广泛，在岛内和沿海地区许多地点发现有制造于中国南方窑口的陶瓷器，年代最早的是五代、隋、唐的釉陶，还有北宋、南宋、元、明的瓷器。

斯里兰卡的北部、西北部沿海地区及北部内陆中心地区的部分考古遗址已经发现了唐代（618—907）中国瓷器，学者们证实这些陶器是斯里兰卡发现的最早的中国陶瓷。③ 这些出土唐代陶瓷的内陆遗址主要是著名的古代佛寺遗址，如坐落于斯里兰卡北部中心省古城阿努拉德普勒的祇陀林佛塔、Abayagiriya和米欣特莱。古代港口曼泰（图4-2、4-3）作为一个海滨遗址，是岛内西北部最为重要的唐代陶瓷遗址。同时，在曼泰还可以找到区别于内陆宗教寺庙遗址的更早的唐代陶瓷，因为曼泰从公元前2000年

---

① 中国硅酸盐学会编：《中国陶瓷史》，文物出版社1972年版，第353页。
② Ibid.
③ (i) 贾兴和等：《斯里兰卡曼泰遗址出土陶瓷产地的初步分析》，载《考古与文物》2006年第3期，第76-81页；Jayasingha P. （贾兴和）："Tang Dynasty Pottery in Sri Lanka," *Antiquity*, September, 2006, Vol. 80 No.309. (Project Gallery). (ii) Premathilake P. L., "Chinese Ceramics Discovered in Sri Lanka", *Sri Lanka and Silk Road of the Sea*, 1990, pp. 233-244.

的阿努拉德普勒王朝开始就是非常重要的港口。鉴于曼泰对于斯里兰卡唐代陶瓷研究的重要性,笔者比较分析了其他相似地区文献记载的人工制品。包括大型窖藏广口瓶在内的一大批类型器,只有曼泰曾经出土。这种釉陶平底、短直颈、肩部有六个耳、深灰褐色粗地、内外施浅橄榄绿釉,一般用于盛水或是其他液体,如酒等。这类陶片目前只在曼泰港出土过,或许可以推测出这种广口瓶最初是在船上作为容器使用的。曼泰港、Abayagiriya 神庙及米欣特莱古代医院遗址还出土了黑色条纹粗地、施棕黑釉的广口瓶及碎片,年代大约为晚唐及五代时期(902—979)。越窑青瓷、长沙窑瓷器、唐白瓷和棕釉瓷在阿努拉德普勒寺院遗址都有发现。这一时期大部分陶瓷很可能为当地政府及国外使团的宗教性礼物。海滨遗址出土瓷器的规模一般都大于内陆遗址。

1. 曼泰考古遗址

海上丝绸之路绕行印度半岛有两种选择,一是通过斯里兰卡岛的最南端,二是经亚当桥。① 前者暗礁密布,危机潜伏,斯里兰卡东南沿岸许多的海底船只残骸就是探索这一航路所付出的代价。亚当桥由一系列水下暗礁和小岛组成,它连接着斯里兰卡岛和印度次大陆。亚当桥沿线有位于斯里兰卡岛西北部的马纳尔海峡和印度南端的班本(Pamben)海峡可以航行,但后者船道甚浅。最终,经亚当桥穿越马纳尔海峡成为航行的首选。不过马纳尔海峡的宽度和深度依然有局限,不能满足所有季节的航行条件。于是,人们在此航道的两端各建有一个停靠港口。西来船只停靠在海峡西南部的库底苦拉玛莱(Kudiramalai)古港口[也称为何坡坡拉斯(Hippuros)港口];而东来船只停靠在海峡西北部的曼泰港口,向东航行的船只在去孟加拉湾之前会在曼泰等待合适的风力;同样,从曼泰向西航行的船只也会在西南季风期间滞留在那里。② 由于马纳尔海峡比较浅,只能允许轻巧的平底船通过,因此曼泰成为向西航行的"终点"。笨重的长途航海船只到达这里后,货物要么从陆地运到西海岸,要么通过小船输送到等待在外海的大船。因此曼泰在马纳尔海峡东侧的地理位置非常重要,曼泰也因此成为斯里兰卡最重要的港口。

曼泰古海港位于南亚次大陆的南端,附近有蒂如克斯瓦拉玛

---

① 亚当桥是指斯里兰卡西北的曼泰岛与位于印度东南的罗美斯瓦伦岛之间的一连串石灰岩沙洲。
② Silva R., "Mantai – The Great Emporium of Cosmos Indicopleustes," *Ancient Ceylon*, 1990, No. 14, p. 6.

(Tirukketisvaram）印度教神庙，南北长约800米，东西宽约600米。[①] 曼泰遗址表面大部分为热带灌木丛所覆盖，其余部分则是现代海湾冲积形成的潮汐沙滩（长200—400米）。曼泰古港遗址的文化堆积厚达11米（据1980—1984年考古数据），遗址被两条宽20—50米的护城河环绕，内外两条护城河间隔5—15米，雨季来临时，护城河内仍然能够蓄水。（图4-2，图4-3）

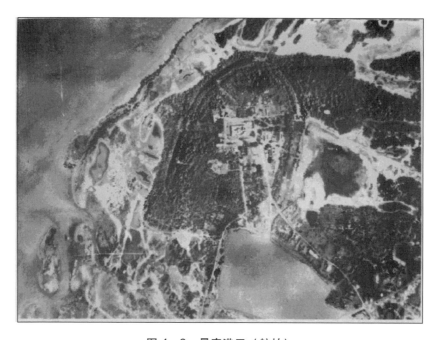

图4-2 曼泰港口（航拍）

[①] Frenando M. Prickett, *Mantai - Mahatittha: the Great Port and Enterpot in the Indian Ocean Trade*, 1990, pp. 115-120.

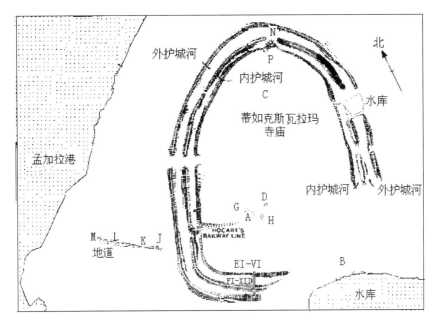

图 4-3 曼泰考古遗址

曼泰在巴利语中被称为"Mahatitta",在僧伽罗语中则被称为"Matota",意为"伟大的海港"或"伟大的浅滩"。这些海港也被称为"Tittha"或者"Tota",是商业中心的意思①。据《大史》②（Mahavamsa）记载,从公元前1世纪或者2世纪开始,曼泰逐步发展成为一座繁荣的沿海城市。而从公元前3世纪到1017年左右,在长达1400年的时间里,作为斯里兰卡首都最长时间的阿努拉德普勒③,一直将曼泰作为主要出海港④。当时沟通曼泰和阿努拉德普勒的共有两条线路,其一是通过Malwathu河⑤,另一条则是直接连接两地的陆路,这条道路亦是斯里兰卡岛上古老的交通干道⑥。与阿努拉德普勒之间的特殊关系决定了曼泰港口的重要性⑦。

《大史》和当地传说都认为曼泰是印度王子毗瘤耶（Vijaya）携妻子与

---

① Bopearachchi O & Wijayapala W. H., *Sea Ports, Inland Emporia and Maritime Communities in Ancient Sri Lanka*, 1994, (UN published report).
② *Mahavamsa*, Abayaratna D. H. S edited Sinhala, 1922（公元5世纪斯里兰卡国家大事记）
③ *History of Ceylon*, by University of Ceylon, 1964, Vol. I Part I, p. 348.
④ Needham Joseph, *Science and Civilization in China*, 2004, p. 728.
⑤ 全长164千米,斯里兰卡第二长河。
⑥ *History of Ceylon*, by University of Ceylon, 1964, Vol. I Part I, p. 348.
⑦ Carswell John, "The Excavation of Mantai," *Ancient Ceylon*, 1990, 7 (1), pp. 17-28.

侍从在斯里兰卡岛最初登陆的地方①。贯穿公元第一个千年到13世纪，曼泰的主要功能是东西方贸易的输入港、货物集散地。在曼泰港进行贸易的国家主要有印度、希腊、波斯、中国、阿拉伯各国。记载这些贸易活动的文献资料很多，如8世纪佛教朝圣者金刚智（Vajrabodhi，671—741）记载曾经有35只船在港口，大部分船的主人都是波斯人，他们在等待扬帆航行去中国。② 5世纪著名僧人法显和尚的记录，也是探讨曼泰作为东西贸易中心的极为重要的历史文献。

从19世纪开始，对曼泰遗址的考古研究就拉开了帷幕。博卡（W. J. S Boake）于1886年首次对曼泰遗址进行研究；1907年斯蒂尔（John Still）对曼泰遗址进行了考古学分析；1926—1928年、1950—1951年和1957年，霍卡特（A. M. Horcart）、萨姆咖那丹（Sanmuganadhan）和卡巴兰（S. M kaplan）分别对其进行了考古学考察。前任斯里兰卡考古学会理事席尔瓦博士（R. H. de Silva）也于20世纪70年代早期参与其中。近年来，由资深考古学家、斯里兰卡前任考古学会理事达拉尼雅咖拉博士（Deraniyagala S. U）组织，斯里兰卡国外的个人或研究机构分别于1980年、1982年和1984年参与了曼泰遗址的考古发掘。截至2010年，考古工作者仍在曼泰继续工作，但是成果暂未公布。当时曼泰遗址的发掘面积达600—800平方米，然而发掘的总面积仅占遗址面积的0.2%。

曼泰遗址发现最早的文化堆积年代为中石器时代晚期，叠压于自然沉积的灰色黏土之上（图4-4），绝对年代为公元前2万年左右。该地层厚30—40厘米，包含大量的食物残渣、海鱼骨骸、海豚牙齿，另外还有一些骨器、石器、贝壳等。通过分析，我们可以清楚地了解曼泰遗址早期居民的基本生活和生产方式，当时居民的工具已达到了较高水平，细石器和细骨器，如鱼叉和箭头等长度基本不超过1厘米，这些证据说明当时的居民主要依靠海洋资源维持生计。

接下来的文化堆积年代从早期历史时期（约公元前3世纪至3世纪）一直延伸至13世纪。其中，中期历史时期的文化层（绝对年代为5到8世纪）。在发掘区域内厚度平均为1.7—33厘米，在此层中发现很多外来陶瓷器，堆积厚度达2.5—5.4厘米，说明曼泰作为重要国际港口的兴旺繁荣。

---

① *Mahavamsa*, Abayaratna D. H. S. edited Sinhala, 1922, p. 34.
② Frenando M. & Prickett, *Mantai - Mahatittha: the Great Port and Enterpot in the Indian Ocean Trade*, 1990, p. 117.

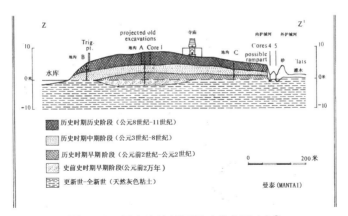

图 4-4　曼泰遗址剖面图（从北到南）①

曼泰遗址出土的外来陶瓷器、银币、木炭以及其他具有年代意义的人工制品为确定各层堆积的年代提供了依据。总的看来，在中石器时代晚期，曼泰遗址最早曾被当作短期宿营地使用，营地建于天然泻湖沉积地层上，石器、骨器多发现于营地的废弃堆积当中。尽管目前有限的发掘材料已经足以证明曼泰在历史时期早段已经成为具有相当规模的聚落，但这一时期的"拉克希米铜片"②打孔为记的银币、陶轮和各种各样完好的石器更进一步证明曼泰港口在当时已经发展成为商业中心。因此，我们根据考古发现的精美陶瓷器、进口玻璃和其他器物，可以推测 3 世纪以后，曼泰已经成为东西方贸易的中转站。

2. 曼泰遗址出土的中国古代陶瓷器

根据 1980—1984 年对曼泰遗址的发掘，外来陶瓷器的年代分别属于历史时期早段、历史时期中段、历史时期历史阶段。阿奴拉达普勒所发现的北印度风格素面灰陶器的年代可以早至公元前 600—前 500 年③。自公元前 3 世纪开始，斯里兰卡当地的陶器文化便开始受到印度的影响。曼泰遗址最早发现的外来陶器为印度所生产的轮制陶器，它的历史可以追溯到公元前 250 到 300 年④，当时出现了一些佛教标志，如菩提、"卍"字符号和大象等。而陶器样式也受到佛教文化的影响，如陶灯、僧人所用的钵（图 4-5）等。

---

① 引自 Frenando M. Prickett, Archaeological Survey Department of Sri Lanka, *Ancient of Ceylon*, 1984, Vol. 5.

② 一面刻有印度女神拉克希米的铜片，时间为公元 1—3 世纪。

③ Deraniyagala S. U.: *Pre- and Proto Historic Settlement in Sri Lanka*, 1992, p. 714.

④ Frenando M. Prickett, *Mantai-Mahatittha: the Great Port and Enterpot in the Indian Ocean Trade*, 1990, p. 81.

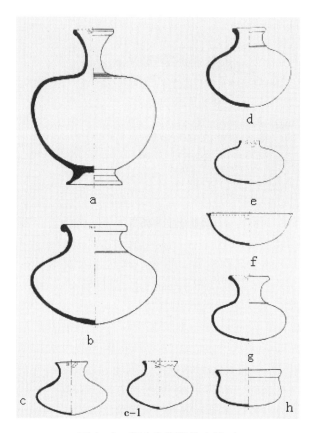

图 4-5 印度陶器的基本器型

阿努拉德普勒 Jethavana Stupa Upper Maluwa 出土的陶器：a. 高脚酒、水杯（Goblet），b. 米罐（Rice Pot），c、c-1. 罐（大口）（僧伽罗语：muttiya），d、e、g. 罐（小口）（僧伽罗语：Kalaya），f、h. 杯子（僧伽罗语：Nembiliya）[①]

5—6 世纪，以当地的陶土、简易的生产工具和小规模乡村陶窑为基础，斯里兰卡制陶业在质量和数量上都取得了极大的发展（图 4-6）。遗憾的是，迄今为止斯里兰卡还没有发现古代窑址，但是历史文献和石刻资料表明斯里兰卡有几处地方因制陶而著名。釉陶和瓷器可能是从其他国家引进的，因为并没有发现斯里兰卡当地制作釉陶和瓷器的证据。12 世纪（波隆纳鲁瓦时期）斯里兰卡迅猛发展的制陶业停滞下来，考古和历史证据表明此时大量的瓷器是从中国和伊斯兰国家进口的（图 4-7），斯里兰卡制陶业

[①] Deraniyagala S. U., "A Classification System for Ceramics in Sri Lanka," *Ancient Ceylon*, Colombo: the Journal of Archaeological Survey Department, 1984, No. 5, pp. 109–114.

的发展主要依赖当地佛教发展的需求，陶器形制数百年间也基本不变。

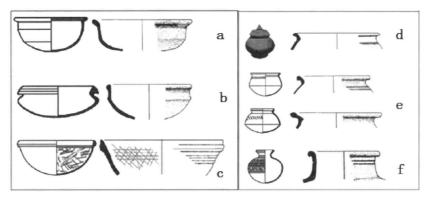

图4-6　斯里兰卡本土陶器的基本形制（炊器和盛储器）

主要的陶器类型中包括 a、b. atiliya, c. nambiliya, d. muttiya, e. heliya, f. kalaya①

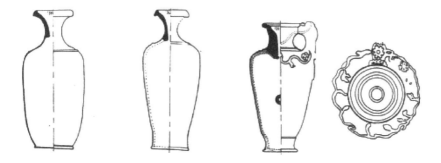

图4-7　阿努拉德普勒 Jethavana Stupa Upper Maluwa 出土的伊斯兰地区来的陶器

斯里兰卡与东方的联系，特别是与中国的联系，比起与北印度和西方（主要是地中海地区和波斯海湾地区）来说，年代较晚，贸易规模也比较有限。直到在中世纪早期，曼泰逐渐发展成为直接与中国和亚洲东部国家进行贸易往来的港口。曼泰港口考古发现的600—700年陶瓷器证明，产自中国和产自印度的陶瓷器数量相当可观。与中国的陶瓷贸易联系表现在各种陶瓷碎片的大量发现，其中包括黑釉灰胎釉陶器、酱釉陶器和橄榄绿釉陶器等（图4-8、4-9）②。

---

① Deraniyagala S. U., "A Classification System for Ceramics in Sri Lanka," *Ancient Ceylon*, Colombo: the Journal of Archaeological Survey Department, 1984, No. 5, pp. 109-114.
② Frenando M. Prickett: *Durable Goods: the Archaeological Evidence of Sri Lanka's Role in the Indian Ocean Trade*, 1990, pp. 61-62.

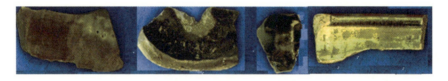

a. 釉陶器

b. 青瓷器

c. 白瓷器

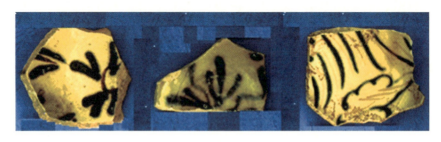

d. 长沙窑瓷器

图4-8 斯里兰卡曼泰遗址出土的中国陶器

a. 釉陶器 b. 青瓷器 c. 白瓷器 d. 长沙窑瓷器

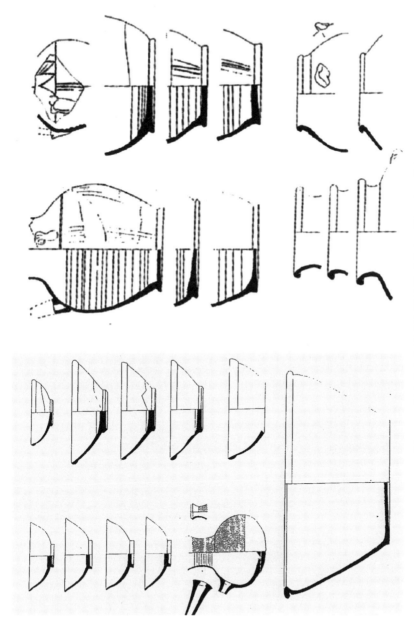

图4-9 曼泰出土中国陶瓷器的类型（壶、罐、碗、盆）

笔者于2003—2005年对自己搜集的14件曼泰遗址瓷器样本（釉陶器和青瓷）进行了测试，发现这种龟裂纹瓷器的器型、年代、厚度、釉料与当时的存储罐种类（橄榄绿釉的釉陶器）十分相似，这些陶瓷罐很有可能是航行时用作盛储水、酒或其他液体的容器。[①] 而且这种陶瓷碎片仅见于曼泰遗址，在其他寺庙或内陆遗址从未发现过。据阿拉伯地理学家伊达日斯（Idrisi）记述，斯里兰卡的巴拉卡玛巴忽（Parakramabahu）国王曾经控制了中国和远东酒类的分配和贸易。[②]

笔者搜集的另一类瓷器样本包括白瓷和青白瓷58片、唐代长沙窑瓷片56片。此类碎片从形制和质地观察，应当是用作食器或水器。长沙窑的黄绿釉瓷器从造型和纹饰上看具有穆斯林的气息，显然为外销瓷。宋代越窑青瓷是另一种高质量的瓷器，其釉的颜色为淡绿，大部分也是用作食器。

据笔者的观察，曼泰遗址的出土陶瓷品种繁多，除中国不同时期（唐朝、北宋、南宋）、不同窑口（如耀州窑、吉州窑、景德镇窑、越窑、邢窑等）的陶瓷外，还有其他国家的许多陶瓷品种。鉴于曼泰遗址在海上丝绸之路上的特殊重要地位，加之如此丰富的出土遗物，采用科技方法研究陶瓷产地，进而研究东西方海上贸易史，无疑具有非常重要的意义。[③]

宋朝（960—1279）瓷器在斯里兰卡已经被发现过，但是根据1980年、1982年、1984年对曼泰遗址发掘的情况，相对于伊斯兰陶片，目前只发现了北宋瓷器碎片。1976年，在约翰·卡斯韦尔主持的位于斯里兰卡西北部接近贾夫纳半岛的凯茨（Keyts）岛的沙丘抢救式发掘中，发现了大量南宋及北宋的瓷器碎片（图4-10a、b、c、d）。并从6000件陶瓷碎片中复原出443件器物，分成35类。经鉴别包括乳白色青白瓷钵、质量良好的透明白釉瓷罐、豆绿和浅绿色北方青瓷碎片。南宋瓷器大部分为白瓷碎片。卡斯韦尔还提及发掘的遗迹很可能是翻船或者是其他灾难造成的。

---

① Frenando M. Prickett：*Durable Goods：The Archaeological Evidence of Sri Lanka's Role in the Indian Ocean Trade*, 1990, pp. 61-62.

② *The History of Ceylon*, by University of Ceylon, 1971, Vol. 1 Part II, p. 523.

③ 贾兴和等：《斯里兰卡曼泰遗址出土陶瓷产地的初步分析》，载《考古与文物》2006年第3期，第76-81页。

a. 西北部凯茨（Keyts）Allapddi 发现的宋青白瓷碗，现在科伦坡国家博物馆

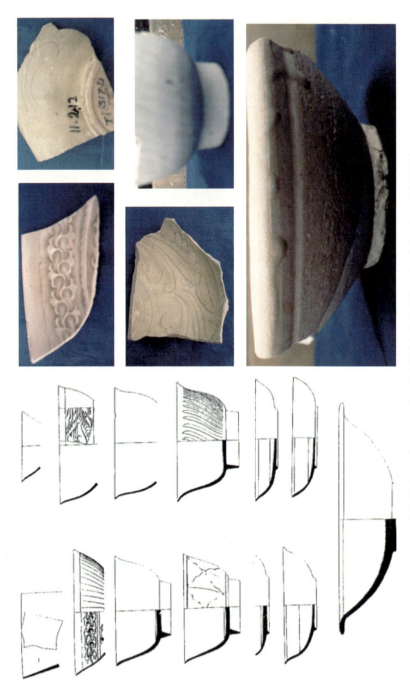

b. 西北部凯茨（Keyts）Allapddi 发现的宋代棕色瓷器碗器皿（现在雅巴忽瓦考古博物馆）

80

c. 西北部凯茨（Keyts）Allapddi 发现的宋代青白瓷碗

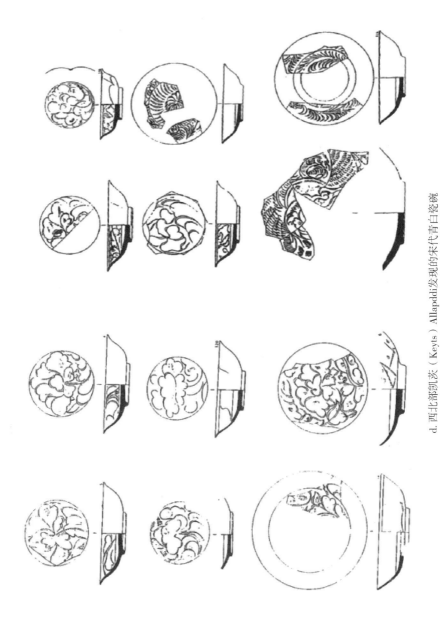

d. 西北部凯茨（Keyts）Allapddi发现的宋代青白瓷碗

图4-10 斯里兰卡西北部和北部海边出土的宋代瓷器

图 4-11 斯里兰卡国家博物馆的陶狮子

长沙窑黄绿瓷和橄榄绿瓷在斯里兰卡北部中心省的波隆纳鲁沃 Alahana parivana 遗址中发掘出土,其中大多来源于越窑、浙江省龙泉窑、福建省长沙窑和江西省景德镇窑。出土南宋瓷器很重要的另外一个遗址是西北部省的雅巴忽瓦,这里出土了 3 个完整瓷钵,包括 2 个白瓷钵、1 个青瓷钵。这些遗址是古代阿努拉德普勒文明(公元前 500 年至 1117 年)和中国宗教、政治、经济交流的突出证据。当时,阿努拉德普勒是斯里兰卡的政治、经济、文化、宗教、社会中心。这一段时间可以认为是古斯里兰卡经济飞速发展的时期。当然,这些陶瓷不仅仅是斯里兰卡阿努拉德普勒王朝与中国唐王朝的密切交流的实物遗留,也是海上丝绸之路东西经济贸易往来活动的见证。

将斯里兰卡国家博物馆的陶狮子塑像(见图 4-11)同中国或其他国家的陶器进行比较,可以认为这些是中国人制作的釉陶。在中国历史上,斯里兰卡以"狮子国"出名,[①] 这些狮子塑像的外形却不同于斯里兰卡当地的

---

① 全洪:《广州出土海上丝绸之路遗物源流初探》,香港中国评论学术出版社版。另见全洪:《广州出土海上丝绸之路遗物源流初探》,载邱立诚主编《华南考古》(1),文物出版社 2004 年版。

狮子形象，而在斯里兰卡历史上并没有什么地方制作这种狮子塑像。中国的文献中提及在中国南方广州的汉墓中发现了狮子塑像。除此之外，这些塑像还可能来自印度或波斯。但是斯里兰卡作为"狮子国"的概念已深入人心，而且在古代，除了斯里兰卡也没有哪个国家以"狮子国"而闻名。

（三）斯里兰卡发现的中国陶瓷器科技考古分析

1. 唐宋时期陶瓷器及其分析

（1）第一批青瓷器样品概述①

初步观察陶瓷器的外观，样品 SL1、SL2、SL3、SL7 均为一面施釉，应该为青瓷。由 SL1 残片的现存弧度可知，它应该是体型较大器物的一部分，不过其胎质粗糙，胎体较为厚重，似不是质量较佳的贸易品，好像为商船上储水或者装载其他货物的容器。而样品 SL3 为一个圆形纽扣状的陶瓷制品，其大小形状似当时船员用于娱乐的棋子。样品 SL4、SL5 是白釉陶，其胎质较为疏松，在中国国内未见相似类型，初步推测为伊斯兰陶瓷。此外，样品 SL6 为黑陶，因斯里兰卡、印度都有和中国相近的产品，故不易判定其产地。图 4-12 为样品的外观形貌。

图 4-12 样品总体形貌图

---

① 实验内容和结果已经发表，见贾兴和等：《斯里兰卡曼泰遗址出土陶瓷产地的初步分析》，载《考古与文物》2006 年第 3 期，第 76-81 页。

此次分析的陶瓷样品共 7 件，都是选自斯里兰卡曼泰遗址的表层，即 8—11 世纪的文化层。因样品很小，又无口沿或碗底等特征部位，故难以根据传统类型学方法判断其原器型、烧制年代和窑口。

① 实验方法

我们首先测定了样品的吸水率和烧成温度，以确定样品的基本物理特征。

先取 10 克左右的陶瓷试片，磨去釉层和中间层后，放在小烧杯中煮沸 8 个小时，以排除气孔中的气体，使水占据气孔空间。然后，在天平上进行分析称量湿重 G，再将样品于 110℃温度下烘干，称量干重 G_0。按下式计算吸水率 W%：

$$W\% = \frac{G - G_0}{G_0} \times 100\%$$

将样品在超声波中清洗之后晾干；选取比较合适的部位，切割成长方柱，再经砂纸打磨以后，去掉釉层，修整成 40 毫米×4 毫米×4 毫米的长方柱形，表面达到平整，送至中国科学技术大学理化科学实验中心检测，使用的仪器为德国 NETZSCH 公司的 DIL402C 热膨胀仪，测量其胎的烧成温度。

随后，针对特殊样品，我们进一步使用中国科学技术大学理化科学实验中心日本 SHIMADZU 公司生产的 XRF-1800X 射线荧光光谱仪，测定样品 SL5 釉表面的化学成分，并将其与国外相关样品的数据进行对比分析。

最后，为了得到样品的化学组成特性，将 7 个样品表面的污染层及釉层去除干净，用水清洗后放入无水酒精溶液中进行超声波清洗；晾干后用玛瑙研钵小心粉碎；将研磨过的样品用孔径为 0.074 毫米的铜筛筛选，收集过筛的颗粒，封装后进行等离子体电感耦合原子发射光谱（ICP-AES）测试。

② 结果、分析与相关讨论

吸水率、硬度和烧成温度的测定与分析

样品吸水率和硬度数据如表 1 所示，可以看出 SL1、SL2、SL3 及 SL7 的吸水率较小且硬度较大，而 SL4、SL5、SL6 的硬度相对较小，而其中 SL4、SL5 的吸水率非常大。SL1、SL2、SL3 及 SL7 的烧成温度当在 1100℃以上，显然属于瓷器；SL6 的烧成温度也接近 1000℃，应为烧成温度较高的陶片，但没有达到印纹硬陶的标准；SL4、SL5 虽然烧成温度较高，但是总体上胎质却很疏松且吸水率大。由于吸水率和硬度受埋藏环境及风化的影响较大，而较高的烧成温度则可能是某种特殊工艺的结果。

表4-2 样品吸水率、硬度和烧成温度数据①

样品编号	SL1	SL2	SL3	SL4	SL5	SL6	SL7
吸水率（％）	2.089	6.253	10.12	27.91	27.13	16.16	11.03
摩氏硬度	6～7	5～6	6～7	2～3	2～3	2～3	6～7
烧成温度	1100℃以上	1100℃以上	1100℃以上	1070℃左右	1070℃左右	970℃左右	1100℃以上

SL5与汉釉陶的釉的成分对比分析

日本三上次男先生曾经撰文指出，斯里兰卡曼泰地区的古港遗址出土文物与同时代的伊朗希拉夫遗址、巴基斯坦班波尔遗址等十分相似。其中，波斯陶器和中国陶瓷的数量方面大致相等，或稍多一些。② 由于样品SL4、SL5的白釉较特殊，很有可能是来自伊斯兰的釉陶，我们用X射线荧光半定量的方法测定了样品SL5釉的化学成分，以确定其原产地，结果如表4-3所示。

表4-3 SL5与汉釉陶的釉成分对比（wt%）③

样品	SiO_2	Al_2O_3	TiO_2	Fe_2O_3	CaO	MgO	K_2O	Na_2O	CuO	SnO_2	PbO
SL5	52.84	5.08	0.14	1.12	3.56	1.31	2.42	0.34	0.04	22.87	5.83
汉釉陶	33.88	6.20		2.31					1.26		46.89

由于只是半定量，测量的又是样品表面层，可能受风化等因素影响较大，因此该结果仅作参考。从上面的分析结果我们可以看出，SL5釉的化学成分与中国出土的汉代绿釉陶器有着明显的区别。中国东汉绿釉陶器的生产使用的是铅釉，中国汉唐以来的釉陶产品一般采用的是含铅量较高的低温釉，而SL5釉中含铅量却很低，相对来说锡的含量很高，是典型的锡釉，这类陶器在中国陶瓷发展史上从未见过，更进一步验证了它们是伊斯兰陶

---

① 贾兴和（Priyantha Jayasingha）等：《斯里兰卡曼泰遗址出土陶瓷产地的初步分析》，载《考古与文物》2006年第3期，第76-81页。
② ［日］三上次男：《从陶瓷贸易史上看东南亚出土的伊斯兰陶器》，载《白水》No.10，1984年。
③ （i）中国硅酸盐学会编：《中国陶瓷史》，文物出版社1997年版。
（ii）贾兴和（Priyantha Jayasingha）等：《斯里兰卡曼泰遗址出土陶瓷产地的初步分析》，载《考古与文物》2006年第3期，第76-81页。

器。这种烧造工艺可能与我国釉陶器的生产工艺完全不同，目前测得 SL4 和 SL5 胎的烧成温度在 1070℃ 左右，釉的熔融温度未知，但不排除烧成温度较高的可能性。

样品胎的主量元素分析

表 4-4　各样品的主量元素含量（单位：wt%）①

瓷器样品	SiO_2	Al_2O_3	Fe_2O_3	TiO_2	CaO	MgO	K_2O	Na_2O	MnO	P_2O_5
SL1	73.60	19.08	1.60	0.80	0.59	0.54	2.03	0.35	0.02	0.17
SL2	76.86	16.26	1.75	1.03	0.56	0.52	1.54	0.20	0.02	0.10
SL3	75.53	17.38	2.25	1.11	0.26	0.54	1.56	0.23	0.01	0.05
SL4	56.71	9.47	4.99	0.52	14.82	4.57	0.61	1.55	0.10	0.39
SL5	55.10	10.18	5.70	0.59	16.54	4.87	1.02	1.53	0.11	0.34
SL6	65.82	18.29	7.20	0.94	0.50	1.59	3.29	0.96	0.07	0.16
SL7	76.15	16.30	1.77	1.04	0.77	0.55	1.73	0.65	0.01	0.09

表 4-4 为采用 ICP-AES 方法，测试所得的主量元素含量数据。利用 SPSS 软件，根据测试数据，对上述样品进行聚类分析，所得结果如下：

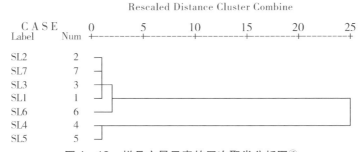

图 4-13　样品主量元素的层次聚类分析图②

由上图可以看出，SL4、SL5 聚为一类，SL2、SL3、SL7 及 SL1 聚为一

---

①　贾兴和（Priyantha Jayasingha）等：《斯里兰卡曼泰遗址出土陶瓷产地的初步分析》，载《考古与文物》2006 年第 3 期，第 76-81 页。
②　贾兴和（Priyantha Jayasingha）等：《斯里兰卡曼泰遗址出土陶瓷产地的初步分析》，载《考古与文物》2006 年第 3 期，第 76-81 页。

类，SL6自成一类。以上分类结果与上述初步观察的结果一致，说明这批样品的制作工艺、制胎原料等差异较大。参考表4-4数据，样品SL4、SL5的主量元素含量与其他几个样品显著不同。其Si、Al等主要元素含量相对较低，而Ca、Na、Mg等助熔剂元素的含量相对较高，且青瓷中主要的呈色元素Fe的含量也很高，据此可推断这两件样品的制胎原料与其他样品有很大差异。

根据罗宏杰先生在《中国古陶瓷与多元统计分析》一书中发表的数据[①]，SL1、SL2、SL3及SL7胎中主量元素的含量与北方原始瓷、南方原始瓷、南方青瓷都符合。考虑到样品的出土地层，不太可能是早期的瓷器，即不大可能是原始瓷；而且出于低成本等方面的考虑，当时南方的瓷窑系统已相当发达，不太可能从北方远调如此粗糙的瓷器，因此，初步推测SL1、SL2、SL3及SL7是中国南方的青瓷。

另外，SL1、SL2、SL3及SL7瓷胎的含硅量高，SiO_2含量介于73.60%～76.86%之间；而含铝量较低，Al_2O_3含量介于16.26%～19.08%之间，这与中国南方大部分地区古代青瓷高硅低铝的特点相同[②]，而不同于古代北方高铝黏土瓷胎，这进一步验证了这四个样品为南方青瓷的观点。

同样根据《中国古陶瓷与多元统计分析》一书中发表的数据，SL6胎的化学成分与北方历史时期陶器、南方新石器时期陶器、南方历史时期陶器胎的化学成分都基本符合。其中北方历史时期陶胎CaO的范围与SL6不同，南方新石器时期陶胎P_2O_5的范围与SL6不同，另外出于与青瓷相同的理由，这件陶器应该产自南方，且由遗址的地层年代推断不可能是新石器时期的陶器，因此认为SL6与历史时期中国南方的陶器最为接近，可能产自中国南方。由于没有斯里兰卡及印度陶器的相应数据，且缺乏国内陶器的微量元素和稀土元素数据做对比，这一结论有待进一步的实验和调研加以验证。

中国陶瓷和伊斯兰陶瓷胎的成分差异

表4-5是西班牙境内几个伊斯兰窑址出土的锡釉陶胎用X射线荧光（XRF）方法测得的主量元素数据，并与SL4、SL5做对比。

---

① 罗宏杰：《中国古陶瓷与多元统计分析》，中国轻工业出版社1997年版。
② 李家治、陈显求、张福康等：《中国古代陶瓷科学技术成就》，上海科学技术出版社1985年版。

表4-5　伊斯兰锡釉陶与 SL4、SL5 胎中主量元素含量对比表单位：(wt%)[①]

样品		SiO_2	Al_2O_3	Fe_2O_3	MgO	CaO	Na_2O	K_2O
Murcia（N=13）		40.57	10.89	4.05	3.64	18.27	0.36	2.52
Zaragoza	Group1	49.73	15.86	5.51	3.68	16.55	0.93	2.85
	Group2	50.43	16.74	5.79	3.95	16.70	1.88	1.62
Mallorca（N=6）		49.67	13.16	5.01	2.40	13.30	0.80	2.65
Denia（N=9）		45.78	11.41	3.78	1.17	18.78	0.40	1.92
Granada（N=7）		49.58	13.18	5.09	2.43	13.56	1.10	1.93
Cordoba（N=3）		54.98	11.57	10.21	<1.00	18.54	n.d.	4.23
SL4		56.71	9.47	4.99	4.57	14.82	1.55	0.61
SL5		55.10	10.18	5.70	4.87	16.54	1.53	1.02

Murcia、Zaragoza、Mallorca 等几个伊斯兰窑址的生产年代处于 9—15 世纪，它们均生产多种类型的陶瓷，但主要为铅釉陶，亦有部分锡釉陶。除了单色釉以外，这些釉陶还使用了一些其他装饰技术，比如黄釉上施黑彩、黄釉上施绿彩、白釉上施绿彩或褐彩等[②]。这几处窑址在西班牙（Zaragoza）境内的分布如图 4-14 所示。

从表 4-5 可以看出，SL4、SL5 胎的化学组成与以上几个伊斯兰窑址出土锡釉陶胎的化学组成很相似，但又不完全相同。考虑到不同的测试条件及不同测试方法等因素，这两个样品很可能并非来自这几个遗址，但应可确定它们的工艺相同，原料亦接近，为伊斯兰陶器。

显然，这些锡釉白陶胎中 CaO 的含量非常高，基本都在 14% 以上，这与中国的陶瓷有显著的差别，无论是陶器还是瓷器，中国的陶瓷胎中都没有如此高的 CaO 含量。SL4、SL5 中的高 CaO 含量可以部分解释样品 SL4 及 SL5 的高吸水率，因为生石灰很易吸水，氧化钙与水反应生成氢氧化钙，这个反应在一定条件下是可逆的，加热时氢氧化钙又分解生成氧化钙和水。

[①] （i）Judit Molera, Mario Vendrell - Saz, Josefina Pérez - Arantegui, "Chemical and Textural Characterization of Tin Glazes in Islamic Ceramics from Eastern Spain," *Journal of Archaeological Science*, 2001, pp. 28, 331 - 340.
（ii）贾兴和（Priyantha Jayasingha）等：《斯里兰卡曼泰遗址出土陶瓷产地的初步分析》，载《考古与文物》2006 年第 3 期，第 76 - 81 页。

[②] P. Lapuente & J. Pérez - Arantegui, "Characterisation and Technology from Studies of Clay Bodies of Local Islamic Production in Zaragoza (Spain)," *Journal of the European Ceramic Society*, 1999, pp. 1835 - 1846.

图 4-14 中世纪西班牙境内伊斯兰化地区地图
——11 世纪伊斯兰边界；- - - 13 世纪初的伊斯兰边界

富含 CaO 的易熔黏土易于采集，能满足成型的需要，且能在较低的温度下烧成；另外，富含 CaO 的原料制成陶器的强度在 850℃～1050℃ 的温度范围内变化不大，所有这些优点皆使富含 CaO 的原料成为最早的制陶原料之一。选用富含 CaO 原料制陶似乎是很普遍的现象，中国以及罗马早期的部分陶器都是由富含 CaO 的易熔黏土制作的。[1] 当然相比于伊斯兰陶胎中的 CaO 含量，中国陶胎中 CaO 的含量显然低得多，没有超过 5%。

样品胎的微量元素和稀土元素分析

除了主量元素以外，我们进一步分析了样品胎中的微量元素和稀土元素，以便进一步界定其产地。首先用微量元素和稀土元素进行因子分析，得到较少的变量，屏蔽掉相关元素间的叠加关系后，再用这几个因子对样品进行聚类分析，结果如图 4-15 所示。

---

[1] 罗宏杰：《中国古陶瓷与多元统计分析》，中国轻工业出版社 1997 年版。

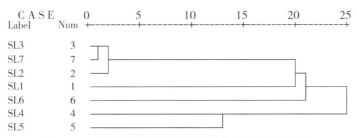

图4-15 样品微量元素和稀土元素的聚类分析图①

由图 4-15 可以看出，SL3、SL7、SL2 聚为一类，SL4、SL5 聚为一类，而 SL1、SL6 各自成簇。可以认为 SL3、SL7、SL2 来自同一窑址或属于一个较小的地域范围，甚至也可以认为 SL4、SL5 来自同一产地。虽然 SL1 胎中的主量元素含量与 SL3、SL7、SL2 比较接近，但是从微量元素和稀土元素来看，样品 SL1 似乎产于不同地区，尽管其与上述样品的胎料配方基本相同。

尽管稀土元素之间原子量差异很大，但"镧系收缩"决定了它们的晶体化学和地球化学性质非常相似。② 在风化过程中，稀土元素之间的这种相似性决定了它们之间的比值保持相对稳定，因此稀土元素之间的比值更能反映母岩的地球物理特征，因此比较适宜作为更好的界定窑口的判断标准。

依据吴隽、李家治先生在《微量元素在某些青瓷判别中的应用》一文中发表的数据，③ 在对稀土元素含量进行球粒陨石标准化之后，用 SL1、SL2、SL3、SL7 胎的部分稀土元素含量与中国吉州窑（早期青瓷的代表）、越窑、郊坛下官窑、汝窑、钧窑和龙泉窑等一些青瓷胎的稀土元素进行比较，绘图如下：

---

① 贾兴和（Priyantha Jayasingha）等：《斯里兰卡曼泰遗址出土陶瓷产地的初步分析》，载《考古与文物》2006 第 3 期，第 76—81 页。
② 陈道公等编著：《地球化学》，中国科学技术大学出版社 1994 年版，第 1 页。
③ 李家治、陈显求、张福康等：《中国古代陶瓷科学技术成就》，上海科学技术出版社 1985 年版。

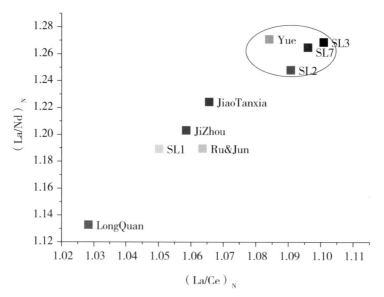

图 4-16 L1、SL2、SL3、SL7 胎与吉州窑、越窑、郊坛下官窑、汝窑、钧窑
和龙泉窑青瓷胎的稀土元素比值对比①

JiZhou 代表吉州窑，Yue 代表越窑，JiaoTanXia 代表郊坛下官窑，Ru&Jun 代表汝窑
和钧窑，LongQuan 代表龙泉窑。

实际上每个窑址样品的稀土元素含量都覆盖了一定范围，以上各个窑址只使用其平均值代表。由图 4-16 可以看出，SL2、SL3、SL7 与越窑较为接近，而 SL1 与吉州窑及汝窑、钧窑也很接近，但是具体来源不好下定论。不过，还是可以基本认定 SL2、SL3、SL7 来自越窑。由于目前掌握数据有限，这里只是一个初步的结论。尽管如此，这个结论还是有一定的参考价值的。

日本三上次男先生撰文指出，斯里兰卡马纳尔州曼泰地区的古港遗址，出土有 8—9 世纪的中国河南白地绿彩瓷，9—10 世纪的华北诸窑白瓷、越窑青瓷、长沙窑瓷，以及广东窑系的瓷壶、内部大星状无釉的青绿釉瓷等。② 这里提到的广东窑系的瓷壶、内部大星状无釉的青绿釉瓷应指广东新会窑，③ 即唐宋时期远销海外的青瓷主要是越窑青瓷和新会窑青瓷。

另外，还有多个文献④提到唐代主要出口的青瓷来自越窑，以上稀土元

---

① 贾兴和（Priyantha Jayasingha）等：《斯里兰卡曼泰遗址出土陶瓷产地的初步分析》，载《考古与文物》2006 年第 3 期，第 76-81 页。
② ［日］三上次男：《从陶瓷贸易史上看东南亚出土的伊斯兰陶器》，载《白水》No. 10, 1984 年。
③ Ibid.
④ （i）陈显求、陈士萍：1994；（ii）周林：1987 年；（iii）陈振裕：《外销瓷的几个相关问题》，载《中国古代陶瓷的外销——一九八七年福建晋江年会论文集》，紫禁城出版社 1987 年版。

素的对比结果可以验证这一观点。

同样,我们将 SL4、SL5 两片釉陶的稀土元素与出土于西班牙东北部 Zaragoza 的一批陶片做对比。[①] 这批陶片来自 10—11 世纪的伊斯兰陶窑,一共分为四组,其中第一组为装饰相对比较精美的釉陶;第二组和第三组为窑具;第四组为日常生活用品,即为粗糙的烹煮用的陶罐。

如图 4-17 所示,SL4、SL5 两片釉陶与第一组样品的稀土元素丰度比值最为接近,体现了其原料的同源性,进一步验证了 SL4 及 SL5 为装饰精美的釉陶。尽管 SL4 及 SL5 出自同一窑址,为了生产锡釉陶,当时的伊斯兰窑工们特意选用了与生产窑具及日用陶器不同的高钙黏土,[②] 即可能是不同地点的黏土。这一点在图 4-17 中也体现了出来,第一组与其他三组相距较远。

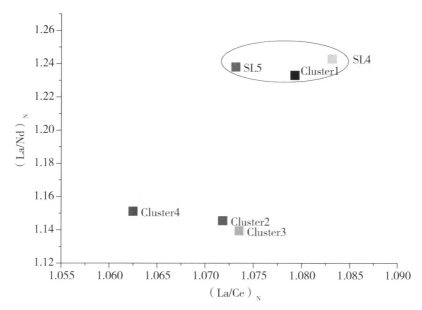

图 4-17　SL4、SL5 稀土元素比值与西班牙 Zaragoza 出土陶片的对比[③]

---

① P. Lapuente & J. Pérez – Arantegui, "Characterisation and Technology from Studies of Clay Bodies of Local Islamic Production in Zaragoza (Spain)," *Journal of the European Ceramic Society*, 1999, pp. 1835 – 1846.
② Ibid.
③ 贾兴和(Priyantha Jayasingha)等:《斯里兰卡曼泰遗址出土陶瓷产地的初步分析》,载《考古与文物》2006 第 3 期,第 76 – 81 页。

显微观察推测烧制工艺与制胎原料（样品和实验方法）

除了测试样品的化学成分，我们将样品制成显微薄片，在正交偏光下观察其岩相。我们从曼泰遗址表层选取了4片青瓷，其中3片青瓷被认为来自越窑（SL2、SL3、SL7），一片来源未知（SL1），以及2片伊斯兰釉陶残片（SL4、SL5），在体视显微镜下观察其釉层和胎层，并将样品制成显微薄片，在正交偏光下观察其岩相和显微结构等，与已知来源样品的显微特征做了对比分析。

实验仪器主要包括：体视显微镜：生产厂家为日本 Nikon 公司，型号为 SMZ1500；偏光显微镜：生产厂家为德国 Leica 公司，型号为 DMLS/P。

另外，我们还选取了3个样品（SL1、SL4、SL5）用 XRD 的方法研究其物相特征，实验所用的仪器为：日本理学电机公司生产的 D/Max – rA 转靶 X 射线衍射仪；工作条件为：CuKα 辐射；电压、电流为：40kV、100mA；2θ 的测试范围为：5—70（量程为2000CPS；DS、SS 和 RS 依次为 1°、1°、0.15mm。

结果与讨论（SL2、SL3、SL7 的显微结构）

这批样品的胎不够致密，气孔呈不规则形状，胎层都呈灰色。北方青瓷和北宋以前的南方青瓷的胎大部分均成灰色，主要是 Fe_2O_3 含量高和含有一定量 TiO_2 着色所致。Fe_2O_3 和 TiO_2 在高温时生成 $FeO·TiO_2$、$2FeO·TiO_2$ 以及 $Fe_2O_3·TiO_2$ 等化合物，使胎着成深浅不同的灰色，TiO_2 含量愈高，则复合着色的效果愈显著。[①]

另外，釉层气泡较少，且胎釉之间不像大多数越窑样品一样有密布的小气泡，釉层中气泡较大，且大多在釉面破裂。这种釉面裂纹（开片）的形成，主要原因是胎和釉的化学组成的膨胀系数不同。当釉的热膨胀系数较坯体大时，在冷却时釉处于张应力状态，当张应力超过釉的容许弹性和强度极限后，则趋向龟裂。此外，釉层厚度、烧成温度和冷却速度等因素也与开片的形成有密切关系，特别是釉层厚度的影响较明显。当釉层厚度过大时，即使胎和釉的膨胀系数很接近，亦可出现龟裂。烧成温度过高，釉层易于出现龟裂。在冷却后期（900℃以下），制品冷却速度越快，釉易发生"惊风"现象，出现龟裂。釉面上呈现裂纹的大小，主要取决于胎釉膨胀系数差别的大小和釉层厚度，膨胀系数相差较大和釉层较薄时，裂纹

---

① 李家治、陈显求、张福康等：《中国古代陶瓷科学技术成就》，上海科学技术出版社1985年版。

多形成小片,反之,即成大片①。

图4-18　SL2体式显微镜釉面照片

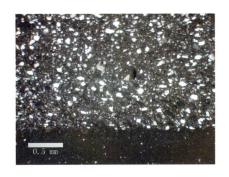
图4-19　SL3正交偏光显微照片

我们把样品剖面磨成30微米的超薄片用偏光显微镜进行观察,如图4-19所示,发现各样品胎的岩相基本相似,胎层较厚,分散较多石英颗粒,颗粒较大,呈次棱角或次圆角,大部分样品残余石英无熔融边,棱角分明,说明烧成温度较低。

在光学显微镜下观察样品的截面超薄片,如图4-18所示,釉层较薄,釉中残留物相较少,有少量未熔石英颗粒,除有一些气泡外基本是均匀的玻璃相。大部分样品在透射光下人眼看到的是一层浅棕黄色透明的玻璃体,胎釉中间层不明显,但样品的胎釉交界处生长有少量的针状晶体。

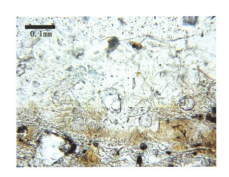
图4-20　SL3光学显微镜照片

图4-21　SL1体式显微镜釉面照片

---

① 叶宏明、叶国珍、叶培华等:《宋代龙泉青瓷工艺恢复研究》,载《天津大学学报》1999年第32卷第1期。

SL1 的显微观察

SL1 的显微特征与 SL2、SL3、SL7 的很相似，胎质相对较致密，胎中残留较多石英颗粒，且颗粒较大并无明显熔边。釉层薄厚不均，釉中基本无残留物，未见未熔石英颗粒，胎釉界面不明显，但样品的胎釉交界处也未见针状析晶。釉面也有细的开裂纹，如图4-20 所示。但是开裂不似 SL2、SL3、SL7 那么明显，也有很多气泡在釉层表面开裂。

SL4、SL5 的显微观察

1965 年到 1983 年之间，扬州曾经先后发现了几件波斯陶器。这批波斯陶片具有一些显著特征：一是胎色多呈淡黄，且色泽鲜艳；二是这类陶器胎质疏松，胎骨和釉层往往厚于国内同时期的釉陶器皿。① 这些都与 SL4、SL5 的外观特征相符。

根据艾兰（Allan，1991）的观点，公元9世纪中国白瓷和高温瓷向伊拉克的出口导致其本地的阿拉伯陶工开始尝试在他们的低温陶上重现中国瓷器的白色。伊拉克陶器的胎在烧制后呈浅黄色，陶工们想到一个使它变白的方法就是用锡釉（一种包含悬浮氧化锡颗粒，呈现不透明白色的釉）覆盖。② 这种制造不透明锡釉陶器的技术从中东传播到伊朗、埃及、北非、西班牙，并最终传到后来中世纪的欧洲。③

如图4-22 所示，SL4 及 SL5 的釉面为不透明的白色，上有褐彩，由于风化等原因，呈现光泽的玻璃质部分已经流失，表面看起来像是一个粉状层。从横截面来看（如图4-23），整个釉层较厚，且可以看到胎中残存大的石英颗粒。釉层中的锡以小锡石晶体的形式存在，它们对光的散射作用正是造成釉层不透明的原因。胎釉之间不明显的反应层可以用胎在施釉之前曾素烧来解释，另外这种二次烧成的工艺也可以用窑址出土的大量无釉素烧陶片来证明。④

如图4-24 所示，在正交偏光下可以看到，相比于国内陶瓷来说，SL4、SL5 胎中掺杂有较多云母，且除了大的石英颗粒以外，胎的大部分区域在正交光下表现出非常好的均匀性，这种现象与西班牙伊斯兰遗址出土的陶片

---

① 顾风：《略论扬州出土的波斯陶及其发现的意义》，载《中国古代陶瓷的外销——一九八七年福建晋江年会论文集》，紫禁城出版社 1987 年版。

② Allan J. W. : *Islamic Ceramics*, Oxford: University of Oxford, 1991, p. 6.

③ Constable O. R. : *Trade & Traders in Muslim Spain*, Cambridge: Cambridge University Press, 1994.

④ Judit Molera, Mario Vendrell - Saz, Josefina Pérez - Arantegui, "Chemical and Textural Characterization of Tin Glazes in Islamic Ceramics from Eastern Spain," *Journal of Archaeological Science*, 2001, pp. 28, 331 - 340.

图4-22 SL5体式显微镜釉面照片

图4-23 SL5体式显微镜横截面照片

情形非常类似。

萨拉戈萨（Zaragoza）作为欧洲至利比亚半岛的通道，占据着优越的地理位置，10—11世纪时穆斯林们曾在这里建立了繁荣的陶器作坊，目前发现的遗存包括陶窑、废品、制陶工具和大量带有丰富装饰的陶器。这些陶窑生产属于东方类型的陶瓷，在欧洲极少发现；产品呈现不同的外形和装饰，包括精心烧制、具有不同装饰的陶罐以及粗糙但实用的陶器。

下图中的陶片对应于其中精品陶器及有釉装饰的陶罐。如图4-25所示，这组陶器的陶胎也体现出很好的光学均匀性，这表明在烧制后形成了无定型的玻璃态。①

图4-24 SL4-4显微照片
（正交光下）

图4-25 Zaragoza精品陶片显微照片
（正交光下）

---

① P. Lapuente & J. Pérez-Arantegui, "Characterisation and Technology from Studies of Clay Bodies of Local Islamic Production in Zaragoza (Spain)," *Journal of the European Ceramic Society*, 1999, pp. 1835–1846.

从图 4-24 可以看到，SL4 的釉层中也有较多晶体，这与体式显微镜下的观察结果一致（如图 4-26），可以看到有些地方整个釉层在埋藏过程中已经高度矿物质化，生成了晶体。这从一个侧面证明釉层较为疏松，易于与外界交换。

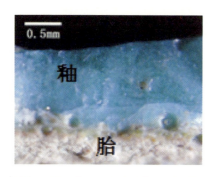 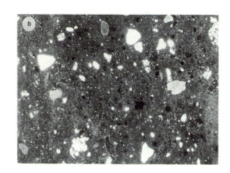

图 4-26　SL4-2 体式显微镜照片　　　图 4-27　Zaragoza 实用陶片显微照片
（正交光下）　　　　　　　　　　　　（正交光下）

SL4、SL5 为伊斯兰陶器，而且应该是装饰较为繁复、制作精美的锡釉瓷。因为其他实用伊斯兰陶瓷的胎在正交偏光下并不像图 4-25 那样均匀，而是掺有较多杂质的（如图 4-27）。因此，与这里出土的中国青瓷不同，这批伊斯兰陶器应该是作为贸易品或者礼品来到斯里兰卡的，以此换得斯里兰卡的宝石、珍珠等物品。

XRD 物相分析

在显微观察的基础上，我们选取了三个样品，用 XRD 的方法研究其物相信息，以验证显微观察的结果。其中 SL1 和 SL4 选用了其胎的粉末，而 SL5 直接测釉层表面，结果如下：

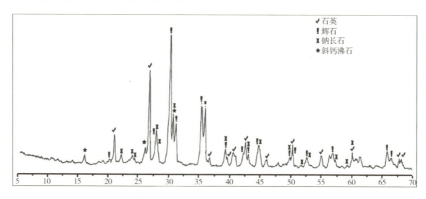

图 4-28　SL4 胎中的成分检测

由图 4-28 可以看出，SL4 的胎中含有石英、辉石、钠长石、斜钙沸石等。

硅线石/夕线石：为高温接触变质矿物，产于侵入岩与泥质岩石的接触带；此外还产于结晶片岩中，与红柱石、尖晶石、堇青石、刚玉等共生。

$$Al_2O_3 = 62.92，SiO_2 = 3.08，Fe_2O_3 = 2 - 3$$

岛状次硅酸盐

普通辉石：产于辉长岩、辉绿岩、玄武岩、橄榄岩中；闪长岩、正长岩中亦有发现；有时见于安山岩、粗面岩及结晶片岩和片麻岩中。其颜色为黑、墨绿、褐黑、暗绿、褐，玻璃光泽，硬度为 5—6，薄片中为无色、淡褐、淡黄、淡紫褐、亮绿褐、亮绿。

高温钠长石：产于阿尔卑斯脉中，与冰长石、肖钠长石等共生。

钙沸石：呈晶腺状或杏仁状产于火山岩，特别是玄武岩中。

wairakite：$11 - 156CaO * Al_2O_3 * xSiO_2 * yH_2O$

Calcium Aluminum Silicate Hydrate

二氧化锡性状描述：

性质：白色、淡黄色粉末；相对密度 6.95；熔点 1630℃；1800～1900℃升华；不溶于水、醇和王水，溶于氢氧化钠、氢氧化钾；有导电性；在空气中加热稳定。

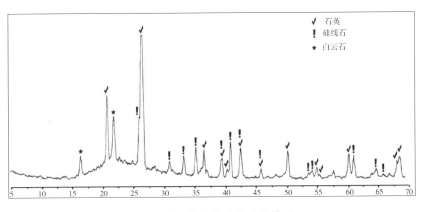

图 4-29　SL1 胎中的成分检测

由图 4-29 可以看出，SL1 的胎中含有石英、白云石、硅线石等。

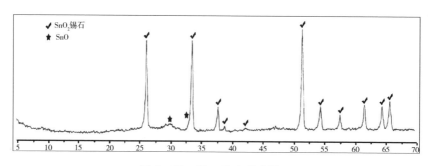

图 4-30　SL5 胎中成分检测

由图 4-30 可以看出，除了小的弥散峰外，所有大的衍射峰都与 SnO_2 的标准峰位相吻合，即该样品的釉层中基本上只含有 SnO_2 晶体。SnO_2 晶体的存在与文献中提到的伊斯兰陶器釉层由小锡石晶体的形式存在相印证，同时也证明显微镜下正交偏光时看到釉层中的众多小晶体正是 SnO_2。可以想象，釉层在样品原始烧制时还应有其他助熔剂等掺杂，然而经过长时间的埋藏和风化，釉层中基本只剩下 SnO_2 晶体。

在正交偏光下可以看到，相比于国内陶瓷，这些陶器的胎中掺杂有较多云母，且除了大的石英颗粒以外，胎的大部分区域在正交光下表现出非常好的光学均一性，这种现象与西班牙伊斯兰遗址出土陶片的情形非常类似。图 4-22 即为该遗址出土陶片的显微照片。

（2）第二批青瓷器样品概述

① 样品

在 1980—1984 年曼泰遗址的发掘中，收集到了一批来自中国古代的青瓷样品 SL23、SL24、SL25、SL26、SL27、SL28、SL29、SL30、SL31、SL32。考古数据显示①这些样本的时间应该是中国的唐宋时期。其中有一些碎片（SL25，SL29、SL30、SL31 和 SL32）属于不够成熟的早期青瓷。从这些器皿的胎体、釉面以及一些中国式的纹饰或许可以证明它们的作用和制造时间。

② 分析、讨论和结果

早期关于中国和斯里兰卡来往的史料记载可以让我们很清楚地了解古代中国的制陶业和其生产的陶瓷在斯里兰卡的使用范围和时间。此外，考古数据对于了解这些工艺品的功能和制作时间也是非常有用的。此次分析的 10 件样品都出自曼泰遗址的中间层（3—8 世纪），在此上面的中世纪早期（8—11 世纪）的陶瓷表面的刻画和纹饰就变成另外一种文化面貌了。因

---

① Frenando M. Prickett, *Durable Goods: the Archaeological Evidence of Sri Lanka's Role in the Indian Ocean Trade*, 1990, pp. 61-62.

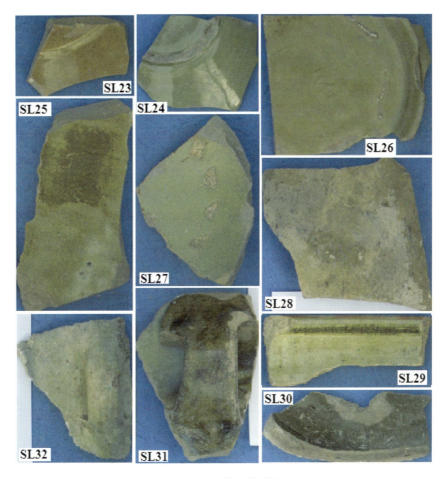

图 4-31　第二批样品

此我们建立了一个关于这些青瓷样本和中国南部上林湖地区的古越窑瓷器的对比表（如表 4-6）。

在中国唐宋时期，上林湖是一个非常有名的越窑瓷器生产区。其青瓷生产可以追溯到东汉（25—220）末期，随后在唐、五代和北宋时期达到了鼎盛，最后在南宋时期基本停止青瓷生产。[①] 样品 SLH1 和 SLH2 上刻有一些相似的古汉语图形。在样品 SLH1 的底部有一个古代汉字"永"，但是在那个时代"永"的意思不是很清楚。在样品 SLH2 的底部则印有一个"午"字，据分析，这个很可能指的是中国古代的天干地支纪年法里的"午"。上

---

① 慈溪市博物馆编：《上林湖越窑》，科学出版社 2002 年版，第 214-216 页。

林湖地区的越窑瓷器中在器物底部刻画汉字是很普遍的。① SL26 是非常重要的一件样品，因为在它的底部刻有中国的另外一个汉字"乙"（图 4-33），其现在的意思是"第二或者二级"，但是它也是中国天干地支纪年中的一员，同时我们并不清楚它在古代的具体含义。

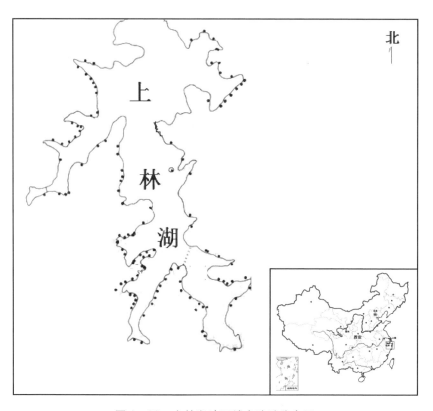

图 4-32 上林湖地区越窑遗址分布图

其他样品上的标记是烧制瓷器的陶窑的包装记号。尽管它们几乎没有什么实际的意义，但是对了解中国古代瓷器的制作技术却有很大作用。

下面是经测所得的这些瓷器样品的化学组成，这样对了解它们的起源和瓷器中的主要元素的根本区别很有帮助。

用 X 射线荧光分析法（XRF）测出这些样品的化学组成部分如下（表4-6）：

---

① 慈溪市博物馆编：《上林湖越窑》，科学出版社 2002 年版，第 214-216 页。

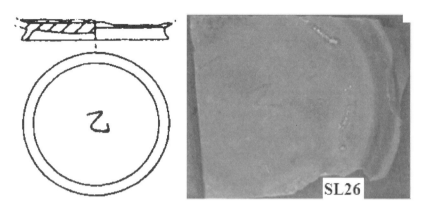

图4-33 样本SL26底部的中国汉字"乙"

表4-6 斯里兰卡曼泰遗址出土青瓷样品的化学组成成分(wt%)

样品编号	SiO_2	Al_2O_3	K_2O	Fe_2O_3	TiO_2	CaO	MgO	Na_2O	P_2O_5
SL1	73.6	19.08	2.03	1.6	0.8	0.59	0.54	0.35	0.17
SL2	76.86	16.26	1.54	1.75	1.03	0.56	0.56	0.2	0.1
SL3	75.53	17.38	1.56	2.25	1.11	0.26	0.54	0.23	0.05
SL7	76.15	16.3	1.73	1.77	1.04	0.77	0.55	0.65	0.09
SL23	75.84	15.52	3.98	2.06	1	0.57	0.41	0.30	0.09
SL24	76.41	14.38	3.83	1.4	…	3.04	0.35	0.27	0.15
SL25	68.09	22.2	2.54	3.18	1.56	0.94	0.38	0.07	0.76
SL26	76.73	14.63	3.12	1.64	…	2.71	0.32	0.35	0.23
SL27	77.15	15.72	3.1	1.88	0.78	0.37	0.35	0.21	0.1
SL28	68.92	21.16	4.3	3.08	0.91	0.54	0.63	0.15	0.13
SL29	74.93	20.71	2.14	1.67	…	0.08	0.31	0.08	1.96
SL31	75.67	16.44	2.23	3.48	…	1.06	0.37	0.18	0.21
SL32	71.21	23.8	2.1	1.1	0.89	0.15	0.29	0.28	0.09
SLH1	76.82	14.98	3.64	1.12	0.85	1.72	0.31	0.28	0.09
SLH2	74.73	15.01	4.08	1.32	0.83	2.86	0.49	0.35	…
SLH25	75.05	14.57	4.88	1.79	0.94	1.47	0.39	0.34	0.17
SLH26	78.85	14.11	2.7	2.16	0.72	0.59	0.30	0.24	0.13
SLH27	75.92	14.19	4.21	2.93	0.97	0.56	0.40	0.32	0.17
SYTD1	75.73	17.31	2.31	1.81	84	0.32	0.60	0.38	0.04
SYTD2	76.2	16.44	2.37	2.37	78	28	0.57	0.66	0.01

利用计算机统计分析技术（SPSS）对上述数据进行分析，输入这些青瓷样品的主要元素的浓度，利用层序聚类分析中的多元统计技术进行分析阐述，其结果如图 4-34。

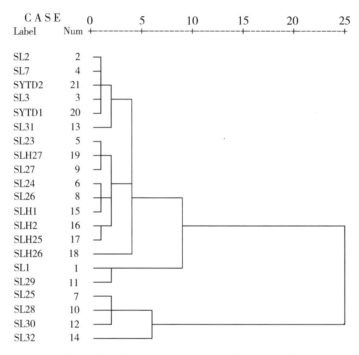

图 4-34　青瓷样品的测序聚类分析树形图

这个树形图显示了利用相似的测量距离对这 21 个样品进行总括的 HCA 分析结果。据上可以对样品进行分类归并处理，其中样品 SL2、SL7、SYTD2、SL3、SYTD1 和 SL31 为一类，同时 SL23、SLH27 和 SL27、SL24、SL26、SLH1 和 SLH2、SL1 和 SL29、SL25、SL28、SL30、SLH26 和 SLH25 可以归入单独的类别中；同时样品 SL32 是独立的，可以作为其他类的一个亚类，这个结果把来自斯里兰卡的中国瓷器碎片从它们相对应中国副本中区别出来。

③ **对实验结果的讨论**

对于曼泰遗址的中国青瓷样品的分析是从多个方面进行的。文献和考古资料清楚地证明了早在唐朝（618—907）和宋朝（960—1279）中国就有大量的青瓷输入斯里兰卡。这些青瓷和其他瓷器都来自古代中国的南方瓷系,并且大部分来自越窑。利用层序聚类分析技术可得知,样品 SL2、SL7、SL3、SL31 来自中国的龙泉窑,SL1 和 SL29 出处不明。但是所有的分析都指明了一个关于南方窑系的可能性,那就是 SL25、SL28、SL30 和 SL32 是唐代的主要青瓷品种。此外,样品 SL31 和 SL32 是大型存储器,其特点是短直颈,肩膀处有 6 个处于同一水平线上的把手。这种类型的瓷器在中国唐朝和五代时期普遍被用作存储器。刻有中国古汉字的样品 SL26 尤其应该被重视,因为这个鲜明的特征可以很好地证明它的来源,可惜这些汉字的具体意义到现在还不是很清楚。

(3) 长沙窑瓷器

在斯里兰卡北中部省份的曼特口岸遗址、阿奴拉德普勒的祇陀林佛塔遗址(Jetavanaramaya)、无畏山寺遗址(Abhayagiriya Monastery Sites)以及古阿奴拉达普拉城堡都发现了少量长沙窑瓷器。

在中国瓷器历史上,长沙在唐代(618—907)和五代(907—979)是最大的瓷器生产基地之一。在唐代,越窑、邢窑、定窑以及长沙窑是中国最主要的瓷器出口地区。长沙窑最有名的技术是釉下施彩,有绿釉、蓝釉和黄釉。这些绚烂的色彩和釉面具有非常高的技术水准。在各地瓷器中,长沙窑的瓷器受外来文化的影响很大,因此更显得丰富多彩。尽管它的出口时间很短,但是因为其接近外国风格的造型和装饰,使得它在进口国很受欢迎。在 9—10 世纪,长沙窑在许多国家都非常流行。长沙瓷出口到日本、韩国、菲律宾、泰国、马来西亚、斯里兰卡、印度、伊朗、伊拉克等国家。此外,在上述国家的航线上也发现了相当数量的长沙瓷,例如马来西亚的开达(Kedha)、印度的马德拉斯和迈索尔、伊朗的希拉斯(Siras)、伊拉克的萨马拉和巴格达以及斯里兰卡的阿努拉德普勒的祇陀林佛塔(Anuradhapura Jetavanaramaya)、古阿努拉德普勒城堡、无畏山寺遗址(Abhayagiriya Monastery Sites)和曼泰遗址。[①]

① 样品

样品 SL20、SL21 和 SL22 是在 1980—1984 年发掘的曼泰遗址地层中发现的来自长沙窑的陶瓷碎片(图 4-35),这些釉下绿彩的瓷碗时间被设定在了唐代。

---

① Jiazhi Li, Zhu Bian, *The History of Science and Technology of China* [*Ceramic*], Beijing: 1998.

图4-35 曼泰遗址发现的长沙窑瓷器

② **分析技术和结论**

利用 X 射线荧光法对唐代长沙窑的瓷器样本进行分析，可得知其主要化学元素是 SiO_2、Al_2O_3、K_2O、Fe_2O_3、TiO_2、CaO、MgO、Na_2O 和 P_2O_5。并且每个样品中具体化学元素的含量是不同的。

表4-7 样品的化学元素组成表（wt%）①

Sample	SiO_2	Al_2O_3	K_2O	Fe_2O_3	TiO_2	CaO	MgO	Na_2O	P_2O_5
SL20	74.77	18.61	3.58	2.01	0.0	0.28	0.55	...	0.0
SL21	76.44	18.09	3.01	1.32	0.0	0.21	0.58	...	0.11
SL22	75.26	17.12	3.38	2.47	0.98	0.17	0.32	...	0.09
TD15	74.18	19.56	2.41	2.09	0.96	0.19	0.48	0.12	0.0
TD16	74.22	18.88	2.89	2.03	1.08	0.24	0.62	0.15	0.0
TD18	74.82	18.35	2.28	2.93	0.89	0.26	0.46	0.12	0.0
TD21	75.93	17.09	2.57	1.97	1.02	0.78	0.61	0.17	0.0
C1-3	76.68	15.06	1.64	2.19	1.00	0.43	0.62	0.81	0.0
C3-2	74.87	16.69	1.93	2.49	1.01	0.41	0.66	0.68	0.0
C4-2	77.15	15.0	1.66	2.19	1.00	0.52	0.61	0.80	0.0
C5-1	74.54	16.4	1.77	2.35	1.01	0.46	0.65	0.66	0.0

从上表我们可以看出 SL 样品的化学元素的浓度与唐代长沙窑的 TD 样品浓度非常相近。样品中 SiO_2 的含量为 74.76%~76.44%，Al_2O_3 含量为 17.12%~18.61%，K_2O 含量为 3.01%~3.58%，Fe_2O_3 含量为 1.32%~2.47%。

---

① （分析在中国科学技术大学物理化学中心（USTC）2006年 [*TD；唐朝的湖南长沙窑（罗宏杰：1997年）* （样品号 C1-3，C3-2，C4-2，和 C5-1：湖南长沙窑）.

比较之前的长沙瓷样品的化学组成成分，可以做出树形图。据图4-36可知，样品SL22和SL21化学组成成分非常相近，所以分为同一组；SL20的情况不是很明显，与前两个样品有所不同，很难确定其分组情况。但是它们三者的形状、样式以及端口处的材料组成非常相似，所以毫无争议，它们是唐代长沙窑的代表器物。

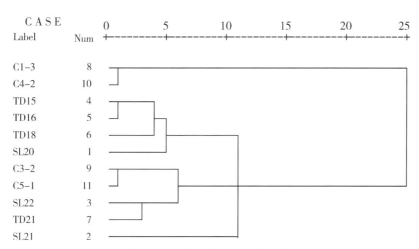

图4-36　长沙瓷样品的测序聚类分析树形图

（4）白瓷

① **样品**

在1980—1984年发掘的曼泰遗址的地层中也发现了白瓷样品。斯里兰卡进口的白瓷最早可以追溯到唐代，而此时在相同时期的考古地层中也发现了伊斯兰的白色釉陶。

在这次研究中，我们共用到了4块白瓷样品（如图4-37），它们分别是：1块穆斯林釉陶碎片（SL17）和3块中国白瓷碎片（SL16、SL18和SL19）。SL16、SL18和SL19初步判断为中国白瓷碗的边缘或者底座部分。SL17可以看出来是一个小釉碗的主体部分，其釉色非常光亮，并且可以很清楚地分出它的釉层和黄色胎体。样品SL16和SL18是带有乳脂状颜色的样品。SL19是带有梳齿状雕刻纹饰的青白瓷，另外发表于1990年的发掘报告显示，在1978年由卡斯威尔（Carswell）和科瑞德·海柏克（Kirkride-Helback）主持发掘的斯里兰卡万卡莱（Vankalai）遗址中发现了中国制造的陶瓷，可见此时已经能生产一些宋代的瓷器了。

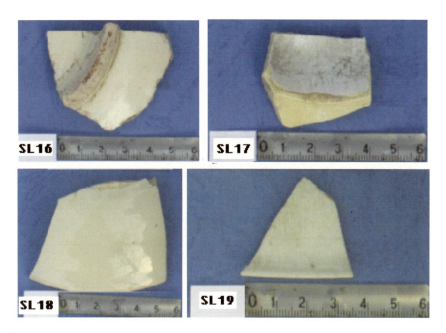

图4-37 白瓷样本

② 分析技术

2006年在中国的USTC化学与物理研究所实验室利用波长色散X射线分析技术（WD-XRF）对白蓝相间瓷器的釉质进行化学成分分析（XRF分析技术是日本岛津公司发明的，该技术要在XRF-1800仪器上实施），然后运用SPSS技术对上面所获的数据进行分析。利用多变量统计方法得出的对每个元素之间的相对浓度和数据的分析结果可以很好地证明白瓷的不同起源。

如表4-8，把利用XRF测得的不同瓷器样品的化学元素与已知的中国传统的南北方窑系（包括华北邢窑、定窑和江西的景德镇窑，福建德化窑）的白瓷化学组成做比较。

表4-8 SL型瓷器样本的主要元素组成（wt%）

Sample	SiO_2	Al_2O_3	K_2O	Fe_2O_3	TiO_2	CaO	MgO	Na_2O	P_2O_5
SL16	64.31	27.49	4.01	0.61	1.62	1.09	0.29	0.17	0.10
SL17	56.55	10.57	2.78	6.68	0.74	16.30	2.85	0.77	1.09
SL18	65.40	27.87	2.70	1.40	1.17	0.60	0.36	0.13	0.10
SL19	72.68	17.68	17.65	5.14	0.64	3.08	0.38	0.25	

③ 结果与讨论

样品 SL16 和 SL18 属于河北省的邢窑,其时间可以追溯到唐代早期。所以,在斯里兰卡考古遗址发掘的中国白瓷时间可以向前推到唐代早期。SL19 很可能来自中国南方窑系,例如德化窑、景德镇窑或者其他窑,其时间可以定位在北宋时期。与此同时,可以确定样品 SL17 绝对不是中国出产的瓷器。由表 4-8 的分析可知:SL16 和 SL18 化学组成几乎相同,而 SL19 的 SiO_2 和 K_2O 明显较高,SL17 却和上述三种截然不同,在 SL17 中 SiO_2、Al_2O_3、K_2O 和 TiO_2 明显较低,而 Fe_2O_3、CaO、MgO、Na_2O 和 P_2O_5 的含量则比较高,特别是 CaO 的含量高达 16.30%,以上所有数据都表明样品 SL17 与中国毫无关系。表 4-8 清楚地反映了不同白瓷样品的化学组成成分以及基于此的分类依据。基本上我们可以将这些样品的产地分为两个主要类别,即北方窑系和南方窑系,同时我们也可以将它们分为中国瓷器和别国瓷器。在北方窑系中,我们根据样品的特征又可以明显地分为邢窑和定窑出品。图 4-38 树形图中第一组是属于河北定窑的白瓷,第二组则反映出唐代邢窑的白瓷特点。样品 SL16 和 SL18 则与邢窑的白瓷非常接近。第三组瓷器时间属于五代和北宋时期的德化窑,样品 SL19 是属于这一组的。从图 4-38 中,一些看起来独立的样品,我们可以将其归入前面几大类的亚类。

2. 元明青花瓷器和分析

① 样品历史

在斯里兰卡出土的所有中国古代瓷器中,白地青花瓷的质量非常好,也很吸引人。我们在斯里兰卡只找到很少的元代青花瓷存在的证据。在元代,瓷器制作工艺依旧持续快速发展着。在唐宋之际萌芽的青花瓷在此时期发展到了成熟期,其主要生产区域是中国古代制瓷业的领军地点——景德镇。明清时代是中国古代制瓷技术的繁盛期,青花瓷的制作非常有特色。在斯里兰卡的一些文学作品,例如《布什撒若那》(*Buthsarana*)、《阿库娃·盖特帕德亚本生纪》(*Jataka Atuwa Getapadaya*,12 世纪)、《普加瓦伊亚》(*Pujawaliya*,13 世纪)和其他一些具有重大历史意义的文献中,都找到了当时斯里兰卡有青花瓷的记录。并且确切地说,从 13 世纪以后我们可以在这一类书中找到大量的参考信息。此外,丹姆贝达内·阿斯纳《丹姆贝达内的报告》(*Danmabedeni Asna*,1303—1325)[1] 中还清晰地提到,在帕拉卡卡玛巴忽(Parakramabahu)国王时代,忽必烈(1216—1294)[2] 曾派遣使者来斯里兰卡(支那[3]的士兵)。

---

[1] Ranasingha D. (*edi*) *Danmbadeni Report*:*Danmabedeni Asna*:1303-1325 AD,1917.

[2] Ibid,p.42.

[3] Weerasingha S. G. M.:*A History of the Cultural Relations Between Sri Lanka and China*,1995,pp.11-12.

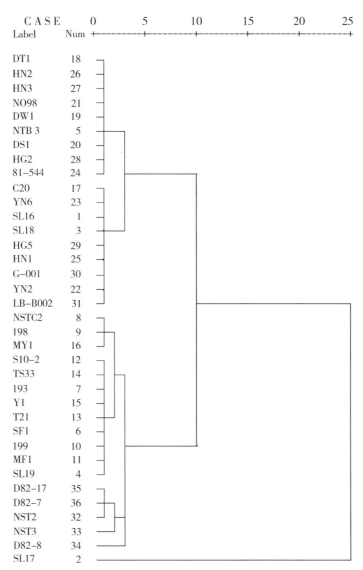

图 4-38 斯里兰卡的 SL 型样品与中国样品的层序聚类分析树形图

DTHN、No98、DW1、TB3、DS1、HG2、81-544、C20、YN6、G001、LB-B002、NSTC2、198、LB-B002、B-B002、NSTC2、198、MY1、S10-S33、193、Y1、T21SF、199、MF1、D82、NST

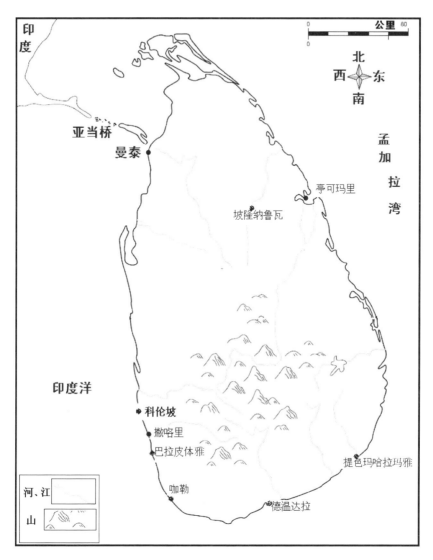

图4-39 元明瓷器分布图
西部：科伦坡（Colombo）、撒咯里（pieh-lo-li）西南部的；
巴拉皮提雅（Balapitiya）、加勒（Galle）和东南部的提色玛哈拉玛雅

元代青花瓷输往印度尼西亚、印度、日本和马来西亚。[①] 从一些参考书中我们可以看到斯里兰卡也在输入国的名单之中。明朝是中国和斯里兰卡两国关系发展史上非常重要的时期之一，同时伊斯兰世界是中国瓷器输出

---

① 中国硅酸盐学会编：《中国陶瓷史》，文物出版社1997年版，第353页。

的重要市场，因为中国的青花瓷对他们来说是一种奢侈品，而这一点对他们极具诱惑力。此外，在叙利亚发现了超过800多件中国元代和明代的瓷器碎片。① 同时，斯里兰卡和印度南部的考古遗址中都同时发现了穆斯林和中国的瓷器。例如，在笔者所采用的2003年曼泰遗址表层出土的瓷片，经过分析之后可以清楚地看出那时穆斯林、中国和当地的瓷器共存。但是12世纪以后，当帕拉卡卡玛巴忽国王（Parakramabahu）和马来尼撒凯（Nissankamalla）一世和二世国王把曼泰作为他们的军事活动的区域而修盖建筑时，它就不如以前作为一个港口一样活跃了。据文献记载，在1411—1421年明朝的郑和不止一次访问过斯里兰卡，这是中国和斯里兰卡历史上非常重要的事件。在斯里兰卡南海岸的加勒，立了一块郑和第二次出使到这里后用三种语言（汉语、波斯语、泰米尔语）刻的碑铭（见第四章第三节）。据15世纪中国马欢的文章记载，中国向斯里兰卡出售麝香、五彩的塔夫绸、青花瓷、铜币以及樟脑等，以换取珍珠和珍贵的宝石。葡萄牙、荷兰和英国在斯里兰卡岛的殖民活动（1505—1658年为葡萄牙殖民时期、1640—1796年为荷兰殖民时期、1796—1948年为英国殖民时期），对中国的青花瓷传入有直接影响。16世纪时，葡萄牙人开始他们在东方（主要是当时的广州到印度尼西亚②）的贸易。这一时期，海上贸易极大地促进了东西方往来，所以大多数殖民地国家都能发现来自中国、伊斯兰、荷兰、葡萄牙及英国等不同国家的人工制品。

斯里兰卡的这些遗址中已出土了元（1206—1368）、明（1368—1644）、清（1616—1911）三代的青花瓷。最早发现的青花瓷碎片出土于波隆纳鲁沃，时代大约为中国元朝（1206—1368）。根据历史文献和考古学探险日记，许多青白瓷是在14—16世纪传入斯里兰卡的。中国非常著名的探险家郑和曾经到过斯里兰卡4次以上，中国文献及斯里兰卡南部海岸科伦坡、撒咯里"pieh-lo-li"（今Beruwala）、加拉、提色玛哈拉玛雅（Tissamaharamaya）出土的多种青花瓷资料都可以印证这一点。斯里兰卡国家博物馆的一些青花瓷捐赠者捐赠的完整瓷器和碎片，很多都是属于殖民时期统治者、晚期寺庙或国家上层人物的。

② **实验和样品部分**

张茂林和笔者此次分析的青花瓷样品共有7件（图4-40），皆选自斯里兰卡曼泰遗址的表层，目的是分析样品的外观形貌。有关青花瓷的相关

---

① Ancient Ceylon, Vol. 5: Archaeological Survey Department, Colombo-7 Sri Lanka, 1984.
② Clarke Basil: *Chinese Science and the West*（edi.），Foreword by Needham Joseph, 1980, pp. 90-96.

分析技术研究已有多篇文献提及①。

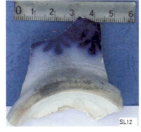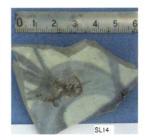

图 4-40 斯里兰卡发现的青花瓷器样品

本章利用 X 射线荧光光谱法（XRF）②、同步辐射 X 射线荧光光谱法（SRXRF）、中子活化法（NAA）③、电感耦合等离子体原子发射光谱法（ICP-AES）④ 等多种技术手段，分析了出土于斯里兰卡遗址的 7 件青花瓷

---

① （i）杨益民、冯敏、朱剑等：《宣德官窑青花瓷的面扫描分析》，载《光谱学与光谱分析》2004 年第 8 期，第 902-906 页；（ii）程琳、冯松林、樊昌生等：《江西湖田窑明代青花瓷的 PIXE 研究》，载《原子能科学技术》2004 年第 38 期（增刊），第 111-124 页。

② 彭子成、梁宝鎏、余均岳等：《微探针型能量色散 X 荧光光谱技术测定香港古瓷的化学组成及其意义》，载《文物保护与考古科学》2007 年，第 19 卷第 1 期，第 1-7 页。

③ 陈铁梅、Rapp G J R、荆志淳等：《中子活化分析对商时期原始瓷产地的研究》，载《考古》1997 年第 7 期，第 39-52 页。

④ 古丽冰、邵宏翔、刘伟：《商代原始瓷样电感耦合等离子体发射光谱分析》，载《岩矿测试》1999 年第 3 期，第 201-204 页。

样品，并对其产地进行了初步的探讨。①

表 4-9 青花瓷器样品的描述

瓷器样品	类型	装饰	备注
SL9	杯子	内外都有装饰；大花（Fashion fruit flower）；内部中间二重圆周；高底座	
SL10	盘子	外部近口沿处有花纹带；花纹带与中国陶瓷器不同	蓝色光泽与中国陶瓷器不同
SL11	盘子	内面装饰卷曲贝壳状花纹；名称是"青花花卉纹盘"	斯里兰卡国家博物馆收藏类似青花瓷盘（高4.8厘米，口径23厘米，底径14.3厘米）。存世较多，为清嘉庆年间
SL12	杯子	外部装饰蓝色植物	颜色及光泽与中国陶瓷器不同
SL13	杯子	内外有装饰，内部中间装饰小花	外底部有贸易或产品符号
SL14	杯子	内部中间有装饰	
SL15	盘子	内面装饰淡蓝色鸟、云纹饰	

---

① 张茂林、贾兴和等：《斯里兰卡曼泰遗址出土青花瓷的化学成分分析及产地初探》，载《岩矿测试》（ROCK AND MINERAL ANALYSIS），2008年2月 Vol.27, No.1, 第37-40页。

图 4-41　斯里兰卡国家博物馆藏青花瓷器和彩瓷

③ 吸水率测试与元素分析[①]

样品吸水率的测试

测试具体步骤为：首先将陶瓷样品放在小烧杯中，加纯净水煮沸 8 小时，在分析天平上称得湿重 mw；再将样品于 105 ℃温度下烘干至恒重，称得干重 md。计算吸水率 w：

$$w = (mw - md)/md \times 100\%$$

X 射线荧光光谱分析及结果

使用 XRF-1800 型 X 射线荧光光谱仪（日本 SHIMADZU 公司生产）测定样品瓷釉的化学成分。

[①] 本节实验内容和结果已经发表，见张茂林、贾兴和等：《斯里兰卡曼泰遗址出土青花瓷的化学成分分析及产地初探》，载《岩矿测试》（ROCK AND MINERAL ANALYSIS）2008 年 2 月 Vol. 27，No. 1，第 37-40 页。

同步辐射 X 射线荧光光谱分析

用同步辐射 X 射线荧光光谱法测定样品蓝彩部分的成分，在同步辐射装置（BSRF）4W1B 荧光实验站进行。该荧光实验站的储存环电子能量为 2.2 GeV，电流强度为 60～100 mA。测试时，将样品清洗干净后用真空封泥固定在样品台上。测试条件为：入射光束尺寸 $20\mu m \times 20\mu m$，其与样品表面的夹角为 45°；Si（Li）探测器在电子轨道平面内与样品也成 45°角，即与入射光束间成 90°，以降低散射背景。探测器 Be 窗到样品的距离为 20 毫米，Be 窗前加一有小孔的铅皮，以降低探测器的死时间，采谱时间为 200 秒。

④ **中子活化分析**

拟用中子活化方法测定样品瓷胎的成分。测试前，先将样品表面的污染层及釉层去除干净，再用水清洗后，放入无水酒精中进行超声波清洗。晾干后用玛瑙研钵研磨至粒度小于 0.074 毫米（200 目），然后封装，送至北京原子能科学研究院分析测试。

电感耦合等离子体原子发射光谱分析

用 ICP - AES 法测定景德镇官窑青花瓷、湖田窑青白瓷及福建安溪、德化窑青白瓷样品瓷胎的成分。

⑤ **测试结果讨论与聚类结果分析**

表 4 - 10 样品吸水率测试结果显示，样品 SL10、SL12 和 SL15 的吸水率分别高达 12.22%、11.01% 和 7.28%；但是从瓷釉的化学成分组成（表 4 - 11）可以看出，SL10、SL15 瓷釉的 PbO 含量都高于 10%，Fe_2O_3、CaO 的含量低于其他样品，这些特征都说明它们为低温铅釉。

表 4 - 10　青花瓷样品瓷胎的吸水率[①]

样品编号	吸水率 W/%	样品编号	吸水率 W/%
SL9	0.18	SL13	0.2
SL10	12.22	SL14	0.38
SL11	0.6	SL15	7.28
SL12	11.01		

---

① 张茂林，贾兴和等：《斯里兰卡曼泰遗址出土青花瓷的化学成分分析及产地初探》，载《岩矿测试》（ROCK AND MINERAL ANALYSIS）2008 年 2 月 Vol. 27, No. 1，第 37 - 40 页。

表4-11 青花瓷样品瓷釉化学组成①

（—表示含量低于检测限）

样品编号	Na$_2$O	MgO	Al$_2$O$_3$	SiO$_2$	P$_2$O$_5$	K$_2$O	CaO	TiO$_2$	TFe$_2$O$_3$	PbO
SL9	0.69	0.21	17.13	63.58	0.23	2.44	14.98	0.03	0.61	—
SL11	0.40	0.50	17.62	65.24	0.23	2.87	12.60	0.02	0.53	—
SL12	1.88	0.44	17.00	64.60	0.40	4.28	10.74	—	0.62	—
SL13	0.26	0.20	16.39	67.96	0.06	2.58	11.87	0.02	0.56	—
SL14	0.28	0.21	18.05	66.05	0.15	3.15	11.57	0.03	0.55	—
SL10	0.41	0.26	16.16	59.74	0.70	1.40	5.09	—	0.12	16.06
SL15	0.45	—	12.93	65.33	0.18	2.45	6.50	—	0.14	11.97

Mn和Fe等元素均为钴矿料的特征元素，因此可以用青花瓷釉彩处Fe、Mn元素含量的比值来判断其瓷器钴料的原产地。青花瓷加釉的成分分析（表4-12）表明，样品SL9、SL11、SL13、SL14青花料的Co含量较低，其Fe、Mn含量的比值介于1～4，而Mn、Co含量的比值高于5，甚至达到18.9，这与中国国产钴料的基本特征相符，②此结果表明样品SL9、SL11、SL13、SL14与样品SL10、SL12、SL15可能来自不同的产地。这一点从样品瓷胎元素含量的聚类结果（图4-42）也得到进一步的证实，该图显示，样品SL10、SL12、SL15明显聚为一类，应为同一窑口的产品。

表4-12 青花瓷样品瓷釉和彩色部分元素组成特征③

样品编号	W_B/%			含量比值		
	Mn	TFe$_2$O$_3$	Co	Fe/Mn	Mn/Co	Fe/Co
SL9	0.57	1.37	0.03	2.40	18.90	45.34
SL11	1.40	1.56	0.27	1.12	5.28	5.89
SL13	0.42	1.33	0.56	3.13	7.64	23.89

---

① 张茂林，贾兴和等：《斯里兰卡曼泰遗址出土青花瓷的化学成分分析及产地初探》，载《岩矿测试》（ROCK AND MINERAL ANALYSIS）2008年2月Vol.27, No.1, 第37-40页。
② （i）陈尧成、郭演仪、张志刚：1978年第4期，第225-241页；（ii）陈尧成、张福康、张筱薇：1995年第2期，第40-44页。
③ 张茂林，贾兴和等：《斯里兰卡曼泰遗址出土青花瓷的化学成分分析及产地初探》，载《岩矿测试》（ROCK AND MINERAL ANALYSIS）2008年2月Vol.27, No.1, 第37-40页。

续表

样品编号	$W_B/\%$			含量比值		
	Mn	TFe_2O_3	Co	Fe/Mn	Mn/Co	Fe/Co
SL14	0.47	1.70	0.06	3.58	7.31	26.14
SL10	0.04	0.37	0.53	10.54	0.07	0.70
SL12	0.02	0.75	0.90	35.44	0.02	0.83
SL15	0.02	1.34	0.48	62.88	0.04	2.79

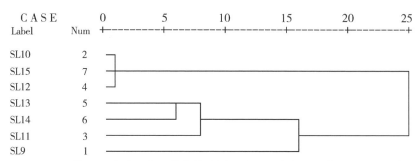

图4-42 斯里兰卡遗址出土的青花瓷样品瓷胎元素含量聚类分析树形图[①]

一般说来，同一地区所产的青花瓷和青白瓷，若其瓷胎原料相近，则它们的微量元素组成也应该基本相同。基于这一考虑，将样品 SL9、SL11、SL13、SL14 和景德镇青花瓷（QL2、QL7、QL10、JQ1、JQ5、JQ6、DG2、DG6、TZ1、TZ3、TZ9）、湖田窑青白瓷（HT1、HT3、HT4、HT5）、福建安溪窑青白瓷（AX1、AX2）以及福建德化窑青白瓷（DH1、DH2）瓷胎的微量元素含量（见表4-13）再做聚类分析，从聚类图（图4-43）结果可以看出，景德镇官窑青花瓷和湖田窑青白瓷样品的距离很小，说明是产自同一地区的青花瓷和青白瓷，其瓷胎使用的原料基本相同，表明在这种情况下可用青白瓷胎的数据来判别青花瓷的产地。

样品 SL9、SL11、SL13、SL14 与景德镇地区的样品距离也很接近，而与福建地区样品的距离相对较远，因此，可初步判断这4件样品产于景德镇地区。

[①] 张茂林、贾兴和等：《斯里兰卡曼泰遗址出土青花瓷的化学成分分析及产地初探》，载《岩矿测试》（ROCK AND MINERAL ANALYSIS）2008年2月 Vol.27, No.1, 第37-40页。

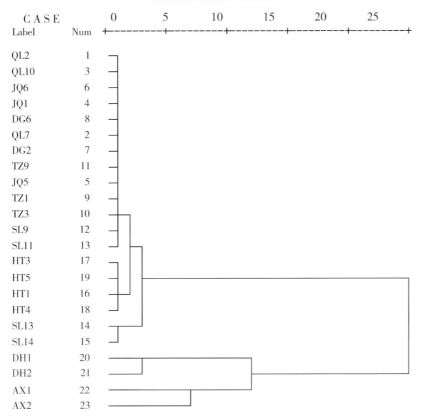

图4-43 斯里兰卡遗址出土部分青花瓷样品与中国各地瓷器瓷胎样品元素含量的聚类分析数形图①

⑥ 实验结果的讨论

实验结果和数据分析表明,斯里兰卡出土的7枚青花瓷片,其中4枚(SL9、SL11、SL13、SL14)来自中国景德镇地区。虽然10世纪以后曼泰港已经不再作为海上陶瓷之路的重要中转站,但是元代以后,曼泰港仍然有来自印度洋的海上贸易活动。其余3件样品的产地目前还不能确定,需要进一步对比更多地区的青花样品,尤其是伊斯兰地区钴蓝釉陶的数据。本工作证明了利用微量元素和多元统计分析方法对古陶瓷的产地分析是切实有效的。

---

① 张茂林、贾兴和等:《斯里兰卡曼泰遗址出土青花瓷的化学成分分析及产地初探》,载《岩矿测试》(ROCK AND MINERAL ANALYSIS) 2008年2月 Vol. 27, No. 1, 第39页。

表4-13 青花瓷样品瓷胎元素组成成分[1]

样品编号	Ce	Co	Cs	Eu	Fe	Hf	K	La	Lu	Na	Nd	Rb	Se	Sm	Tb	Th	U	Zn
SL9	22.3	5.6	48.1	0.2	7768	2.5	29186	8.1	0.3	16490	10.8	454.7	1.8	2.7	0.6	8.9	10.8	81.2
SL10	73.8	9.7	21.7	1	4389	3	16223	32.6	0.3	5025	40.4	240.9	5.9	5.9	0.6	16.3	4.7	52.8
SL11	23	8.2	90.9	0.3	7862	2.7	36988	8	0.1	7383	0	620.2	2.5	2.3	0.6	7.6	13.6	102.4
SL12	56.1	3.4	24.6	1	4982.9	33.7	18769	32	0.1	6732	33.9	201.5	5.9	5.6	0.6	11.8	5	54.3
SL13	34.6	12.9	46.2	0.7	8056	3.4	29091	14.7	0.3	3124	15.1	243.9	4.6	4.1	0.8	12.4	6.5	64.1
SL14	41.3	12.3	32.7	0.8	15400	3.9	31918	17.7	0.4	4092	24.3	253.6	6.8	4.5	0.9	13.3	6.4	85.5
SL15	45.9	189.3	15	0.7	4191	2.2	18012	20.1	0	4937	19.4	268.5	6.3	3.6	0.3	8	4.5	30
AX1	45.9	3.8	8.3	2.2	10400	7	25500	113	0.7	500	84	167	10.9	14.1	9.5	25.6	2.5	68.8
AX2	89.2	4.9	8.7	1.3	10100	6	22500	73.3	0.5	500	51.6	152	8.56	8.3	5.6	26.5	2.6	54.5
DH1	42.9	4.1	3.6	2.4	2400	8.6	41100	99.1	1.1	700	82.4	216	16.7	2.5	28.2	2.4	67.3	
DH2	34.5	5.8	3.6	1.7	2200	7.9	36100	64.7	1	700	55.1	191	11.1	10.6	1.8	28.6	2.4	47.7
HT1	9.1	2.4	52.1	0.2	4300	4.9	28500	4.7	0.2	7600	4.8	359	9.1	1.7	0.4	4.8	11.4	48.9

[1] 张茂林、贾兴和等：《斯里兰卡曼泰遗址出土青花瓷的化学成分分析及产地初探》，载《岩矿测试》（ROCK AND MINERAL ANALYSIS）2008年2月 Vol.27, No.1, 第37-40页。

续表

样品编号	Ce	Co	Cs	Eu	Fe	Hf	K	La	Lu	Na	Nd	Rb	Se	Sm	Tb	Th	U	Zn
DH3	12.8	2.7	63.6	0.2	4900	7.2	25900	8	0.2	12300	7.3	445	9.3	2.6	0.6	6.6	6.2	45.6
HT4	12.7	4.1	52.5	0.3	6800	4.6	20900	7.7	0.2	19800	7.3	307	9.1	2.2	0.5	4.3	6.2	32.5
HT5	11.2	3	51.5	0.2	5300	5.4	25200	6	0.2	12100	5.6	337	8.8	2.2	0.4	6.3	9.1	31.2
QL2	12.1	3.5	70	0.2	6510	2.6	27383	6.3	0.1	5267.7	5.3	529	2.6	2.1	0.4	6.1	12.3	69
QL7	17.3	5.1	60.6	0.4	6860	2.3	27963.8	10	0.2	7345.2	10.8	503	2.8	3.3	0.6	6.5	1.8	53
QL10	10.6	4	72.2	0.5	6160	2.8	25806	5.4	0.2	5416.1	5.7	529	2.5	2.1	0.4	6.2	11.7	64
JQ1	12.6	3.4	57.5	0.3	6230	2.4	30453.2	6.9	0.1	6677.4	6.5	507	2.5	2.2	0.4	7.8	10.3	50
JQ5	11.8	7.8	69.4	0.2	6930	2.7	26055	5.3	0.1	13429	5.7	520	2	2.1	0.4	5.5	11.1	69
JQ6	11.2	4.2	66.9	0.3	6860	3	3527.7	6.2	0.1	6380.6	6	529	2.9	2	0.4	7.7	8.6	74
DG2	9.7	3.9	51.2	0.3	6510	2.8	24894	5.2	0	10461	5.7	386	2	2.3	0.4	4.5	10.3	66
DG6	14.3	3.5	51.2	0.3	7070	1.8	33357	6.5	0.1	5935.5	6.6	472	2.8	2.1	0.4	9.7	10.9	49
TZ1	14.6	5.6	32.5	0.3	8610	3.4	29126	6.9	0.2	6751.6	7.5	399	3.5	2.8	0.6	6.7	8.2	29
TZ3	8.3	3.4	38.8	0.4	7280	2.5	28628	5.3	0.1	11648	5.5	368	2.5	2.3	0.4	3.8	15.2	24
TZ9	10.9	3.9	36.9	0.2	5950	2.7	27300	5.6	0.1	108832	6.1	351	2.5	2	0.4	6.8	11.3	41

（四）斯里兰卡出土的中国陶瓷器的产地

斯里兰卡发现的中国古陶瓷大多是中国南方窑口生产的，如越窑、湖南长沙窑、浙江龙泉窑、江西景德镇窑、福建德化窑等。在斯里兰卡出土的青花瓷可能来自不同的国家，如中国、日本、东南亚和伊斯兰国家。这些外观相似的青花瓷在胎的化学成分以及吸水率等方面差别明显，因此可以用科技方法鉴定斯里兰卡出土的陶瓷的产地。我们还尝试运用微量元素判断样品的生产窑口，结论与文献记载基本一致。如前所述，其中部分成果已经发表。详情见表4-14。

表4-14 陶瓷器样品分析结果

样品编号	陶瓷种类	时代	斯里兰卡遗址	贸易分布区
SL20、SL21、SL22	湖南长沙窑	8—10世纪	曼泰、阿努拉德普勒、Abayagiriya、Jetavanaramaya	伊拉克、埃及、韩国、南伊朗、印度、日本、东非洲、东南亚洲
SL1、SL2、SL3、SL7、SL23、SL24、SL25、SL26、SL27、SL28、SL29、SL30、SL31	越窑青瓷	8—11世纪	曼泰、阿努拉德普勒、古城波罗纳鲁瓦	伊拉克、南伊朗、南亚洲
SL16、SL18、SL19	白瓷（唐代和宋代）	9—12世纪	曼泰、阿努拉德普勒、古城波罗纳鲁瓦	伊拉克、南伊朗、南亚洲
SL9、SL10、SL11、SL12、SL13、SL14、SL15	景德镇青花瓷（元代、明代、清代）	14—17世纪	古城波罗纳鲁瓦、加勒	伊朗、叙利亚、日本、波斯、印度、海湾国家

以曼泰遗址为中心分析唐宋时期的釉陶青瓷、白瓷以及青花瓷，我们可以发现在斯里兰卡发现的中国陶瓷有以下特点。

（1）在斯里兰卡考古遗址中发现的中国青瓷可以分为两类（图4-8a、b）。一类是釉陶和原始青瓷，年代可追溯至唐朝和五代。这些陶瓷可能用作船运储存器或盛器，它们常常在沿海港湾遗址发现。另一类是质量比较好、用作奢侈品的青瓷，年代为宋代及以后，在一些寺院遗址、港湾遗址和古代城址中均有发现。在本章中分析的青瓷样品都属于北宋、南宋时期产品。需要强调的是,在斯里兰卡发现的青瓷几乎都来自中国南方的瓷窑,而它们大多数又属于越窑系列。

(2)斯里兰卡考古遗址中发现的中国白瓷属于唐朝及以后。它们主要是来自中国北方的邢窑。另外,还有一些北宋的白瓷是中国南方德化窑所产,同时还有一些伊斯兰的釉陶和中国的白瓷同在斯里兰卡的考古遗址中发现。

(3)长沙窑的瓷器类型在古代斯里兰卡很受欢迎,这些瓷器在年代上可以追溯至中国的唐朝晚期。这种陶瓷的制作迎合了外国人所喜爱的风格,尤其是它的颜色考虑到了穆斯林的喜好。

(4)在斯里兰卡发现的古代中国青花瓷属于元、明、清三代,在这里分析的大部分的青花瓷产自中国南方江西省景德镇窑址,其中部分可能来自日本或伊斯兰国家,同时它们同中国瓷器的关系非常密切。14、15世纪青花瓷在斯里兰卡的科伦坡、加勒非常流行,青花瓷是中国制瓷技术发展的顶峰,直到今天在西方国家依然受欢迎。

第二节 古钱币

斯里兰卡发现的中国古代钱币表明两个国家在古代就有密切的文化交流。在斯里兰卡发现的外国钱币中，中国古代钱币占据重要位置。

一、在斯里兰卡发现的外国钱币

斯里兰卡发现的国外货币是研究斯里兰卡与其他国家进行经济、文化交流的重要物证。对这些货币进行研究，可以依靠两个重要的途径，一个是文献记载，另一个是考古发掘。斯里兰卡发现的比较常见的外国货币有古印度钱币、古罗马和拜占庭钱币、波斯和阿拉伯钱币，以及中国宋代钱币。斯里兰卡最早使用货币可以追溯到12世纪的波罗纳鲁瓦时期[①]，但是根据佛教史籍《大史》（*Mahavamsa*）[②] 的记载，这种货币也叫 Eldling，是印度或斯里兰卡最早的货币[③]。这种货币在钱币两面都刻有象征物，常见的有鬃毛比较少的狮子、大象、万字饰和拉克西米马和拉克西米公牛和拉克西米 Nandipada 和拉克西米树和拉克西米等。[④] 关于 kahapana 有个神秘的传说，说是印度王子 Vijaya 来到斯里兰卡岛上，带来了千千万万的"kahapana"[⑤]，此后在斯里兰卡早期历史上，kahapana 成了一种古代常见的钱币。Kahapana 最早就是在《大史》（*Mahavamsa*）被提及，ch. XXI. 26，它上面记述坦米尔人国王 Elara 的一个慷慨举动，他斥资 15000 kahapana 置办约 15 块石头来重建位于 Mihintale 的 Thupa（因为 Thupa 被他的战车意外撞毁[⑥]）。因此这些钱币是古印度货币，不能当成斯里兰卡本地的货币。斯里兰卡从阿努拉达普拉时期就开始发现了这种钱币，发现的地点有 Jatavana Stupa 附近的寺庙，Abayagiriya，Elara 墓葬，及曼泰、Kantorodei、

---

① Codrington H. W.: *Ceylon Coin and Currency*, 1924, p. 11.

② *Mahavamsa*: ch. iv, 13.

③ (ⅰ) Codrington H. W.: *Ceylon Coin and Currency*, 1924, p. 16; (ⅱ) *History of Ceylon*, by University of Ceylon's, 1964, p. 220.

④ *History of Ceylon*, by University of Ceylon, 1964, Vol. I Part I, p. 220.

⑤ Codrington H. W.: *Ceylon Coin and Currency*, 1924, p. 11.

⑥ Ibid.

Kadugannawa 等①。

继 Kahapana 之后比较有名的是古罗马钱币，是伴随早期的贸易往来而来到斯里兰卡。古罗马和拜占庭钱币在阿努拉达普拉的早、中期都有发现，主要集中于沿海遗址和内地居址。比如岛屿北部的加法拿（Jaffna）peninsula、Kanthorodei、曼泰、阿努拉德普勒、西格里亚，中部的康提（kendy）、Tumpene、Badulla，西北部的苦如那加拉（Kurunegala）、卡拉屁提亚（Kalpitiya），西海岸科伦波遗址，内陆地区的瓦严咖达（Veyangoda）、米里咖玛（Mireegam），南部沿海遗址巴拉皮提雅、加拉、玛它拉（Matara）、古答瓦雅（Godawaya）、提色玛哈拉玛、Katharagama，以及所有的东部沿海遗址②。这些古罗马钱币的发现地点足以让我们今天了解古代斯里兰卡与罗马贸易往来的集中地。这些遗址的性质大部分可以得到确定，比如沿海遗址是古代出海口或海港，内陆遗址是商业中心或者古代的居址。

12 世纪波罗纳鲁瓦王朝时期，斯里兰卡有了自己铸造和使用钱币的历史。维加雅巴忽（Vijayabahu）一世（1055—1110）是第一个以自己的名字命名并发行钱币的国王③，之后的几个国王都发行钱币，但不是以自己的名字命名，取而代之的是在钱币上刻上自己的名字，因为在他们看来发行钱币的目的之一就是宣扬王威。第一个把自己名字镌刻在钱币上的是 Cola 的国王 Rajaraja，接下来有维加雅巴忽 I（Vijayabahu – I）、巴拉卡卡玛巴忽 I（Parakramabahu – I）国王、拟三哥马拉（Nissankamalla）女王、丽拉娃替（queen Leelawathi）国王、卧达敢咖（Vodaganga）。发行钱币的另外一个原因是历代国王都力图炫耀自己统治下的经济成就。另外，纪念一些特殊事件或者战争胜利也是发行钱币的一个原因。比如，在击退了南印度将领 Lankapura 对 Chola 的入侵，国王帕拉卡卡玛巴忽（Parakrambahu）立即发行刻有自己名字的新钱币④；同样 Kotte 时期闻名的 Sethu 钱币，也是为了纪念 Arayachakravarthi 领导的加法拿（Jaffna，斯里兰卡北部的王国）的胜利⑤。发行钱币的一个最直接的原因是国内外贸易的需要，然而古代斯里兰卡直到很晚仍然实行物物交换，没有发现使用钱币或纸币的物证。特别是在对外贸易中，用本国盛产的物品换取自己所需物品的情况比较普遍。比如，斯里兰卡人用宝石来换取中国的陶瓷。然而，不管是斯里兰卡人，还是外

---

① Codrington H. W.：*Ceylon Coin and Currency*，1924，p. 25.
② Ibid，pp. 31 – 33.
③ *History of Ceylon*，by University of Ceylon，1971，Vol. I Part II，p. 524.
④ Ibid.
⑤ (i) Ibid，p. 684；(ii) Codrington H. W.，*Ceylon Coin and Currency*，1924，p. 74.

国人都喜欢这种交易模式，因为斯里兰卡有丰富的珍珠、宝石等自然资源。外国钱币进入斯里兰卡主要是由于朝贡、宗教赠予或税收，这些在考古工作中得到证实。比如，早在1世纪就发现了刻有关于税收①（主要是关税）铭文的钱币；宗教赠予的一个明显例子是在雅巴忽瓦佛教遗址和波罗纳鲁瓦附近王宫发现的中国宋代铜币。这些钱币都是用诸如黄金和青铜这样珍贵的材料来铸造的，当然比较晚近的一些也采用镀铜的方法。因此，在斯里兰卡古代历史的早、中期，拥有多少国外钱币是判断国王经济发展能力大小的一个重要指标。但最直接的一个作用是，这些钱币表明外国与斯里兰卡这个岛屿经济往来的密切程度。波罗纳鲁瓦王朝之后，打巴德尼雅（Dambadeniya）、苦如纳咖拉（Kurunegala）、Kotte 王朝的历代国王，都喜欢在钱币上镌刻自己的名字或象征物。

二、中国钱币

中国古钱币是研究中国与斯里兰卡关系的重要物品之一，另外它们还能帮助我们建立精确的考古学年代序列。在斯里兰卡的阿努拉达普拉、波罗纳鲁瓦、雅巴忽瓦，苦如纳咖拉（Kurunegala）、玛塔勒（Matale）、卡拉幕纳（Kalmunai）、塔奈马纳尔和卡如苦拉玛达玛（Talaimannar and Kurukkalmadam）都发现了中国的钱币。最新的关于大量中国古钱币的发现，据报道是在斯里兰卡的 Uva 省的 Buttala – Passara 路旁的一个村落（图4–1）。1911年，在雅巴忽瓦的南门发现976—1255年间9枚中国钱币；1949年，在雅巴忽瓦发现1352枚钱币，钱币上刻有7世纪高宗皇帝年号②。从这些考古材料中，我们可以肯定很早以前中国和斯里兰卡就有贸易往来，而这些古物是中国古代和斯里兰卡两国交往的见证物。

在斯里兰卡发现了少量很有价值的中国古代钱币，在 Codrington 写的货币史中，中国古钱也列入其中③。Codrington H. W 认为，有3枚是中国唐代的钱币，其他的都是北宋、南宋时期的。近三十年来个人收藏家在其他地点也发现了一些中国钱币。据报道，这些个人收藏家在岩浆裂缝中发现了

---

① （i）Ibid；（ii）Bopearachchi O., Wijayapala W. H.：p. 1 – 36（见本书第四章三节）about Inscription in Lanka 1st Century Gajabahu's Godavaya Rock Inscription；（iii）（Ceylon Journal of Sceince；G）[C. J. S. G]，1924，p. 28.

② Fernando Marcus：*Yapahuwa*，Printed at the Department of Government Printing Ceylon，1969.

③ Thierry F.：*Origin Evolution and Circulation of Foreign Coins in the Indian Ocean*，(edi.) Bopearachchi O. and Weerakkodi D. P. M.，1998，pp. 192 – 197.

将近200枚998—1722年的中国钱币,时间跨度相当于中国的北宋、元、明、清时期,历经13个皇帝。另外,他们还发现了2000多枚荷兰人在1675年使用的那咖巴塔拿(Nagapatanam;南印度港口)。

(一) 雅巴忽瓦(Yapahuwa)发现的中国钱币

雅巴忽瓦是古代的一个石构堡垒,位于斯里兰卡西北部(图4-1),13世纪时雅巴忽瓦城堡及其附近地区曾在一段时间里作为这个岛屿的首都。国王 Buvanaikabahu 一世(1273—1284年在位)修筑了一座城堡,把首都从原来位于郊区的 Kurunegala 搬到这里。但是13世纪之后斯里兰卡历史文献中没有再提到任何关于雅巴忽瓦的事。然而,最近在雅巴忽瓦进行的考古发掘表明,这个王国与中国在13世纪有过密切的外交关系。在该地区进行的考古工作不曾中断。

H. C. P. Bell 是斯里兰卡第一个考古专员于1800—1811年主持了在雅巴忽瓦的第一次考古发掘,发现了一些特殊的遗迹,如宏伟的宫殿入口遗迹。早期斯里兰卡是否与中国有密切的往来还有待进一步的考古工作来证实,然而,大量的证据表明在雅巴忽瓦作为斯里兰卡首都的短暂历史中,它与中国有往来。在雅巴忽瓦的早期发掘中出土了一些中国陶瓷,这是岛上发现的最好的陶瓷品之一,也出土了大量的青瓷碎片。另外,发现了1352枚中国古钱,其中有381枚保存得比较完好,巴黎博物馆的 Francois Thierry 于1991年进行鉴定,认为有256枚是北宋时期的,114枚是南宋时期的。[①] 这些一百多年前发现的中国古钱币进一步证实了中国与雅巴忽瓦的贸易往来关系。

雅巴忽瓦发现的中国古钱币现保存在阿努拉德普勒考古博物馆,这些被确认的属于北宋、南宋的钱币,鉴定者认为经历了9个皇帝统治时期,排列如下。[②]

[①] (i) Codrington H. W.: *Ceylon Coin and Currency*, 1924, pp. 166 - 169; (ii) O. Bopearachchi, *Catalogue of Indo - Greek, Indo - Scythian and Indo - Parthian Coins of the Smithsonian Institution*, Washington D. C.: 1993.
(iii) Thierry F.: *Origin Evolution and Circulation of Foreign Coins in the Indian Ocean*, O. Bopearachi and D. P. M Weerakkodi (edi), 1998, pp. 192 - 197.

[②] (i) *Archaeological Survey Administrative Report* [ASAR]: 1911 - 1912, p. 64.
(ii) Codrington H. W.: *Ceylon Coin and Currency*, 1924, pp. 166 - 169; (iii) Thierry F.: *Origin Evolution and Circulation of foreign Coins in the Indian Ocean*, O. Bopearachi & D. P. M Weerakkodi (edi), 1998, pp. 192 - 197; (iv) *Yapahuwa*, Exploration Report, Archaeological Department Sri Lanka, 2001, pp. 16 - 17.

1. 北宋（960—1127）

太宗时期（976—996）

（1）太平兴国年间（976—984），太平通宝。青铜铸造。重3.25克，厚1毫米。钱径24毫米，穿径7毫米。肉好周郭，外郭2毫米，面内郭0.5毫米，背内郭1毫米。楷书，旋读，背无字。

（2）至道年间（995—997），至道元宝。青铜铸造。重3.90克，厚1毫米。钱径25毫米，穿径7毫米。肉好周郭，外郭3毫米，内郭0.7毫米。钱文有两种，一为楷书，一为草书，均为对读，背无字。

真宗时期（998—1022）

（3）景德年间（1004—1007），景德元宝。青铜铸造。重3.25克，厚1毫米。钱径24毫米，穿径7毫米。肉好周郭，外郭2毫米，面内郭0.5毫米，背内郭1毫米。楷书，旋读，背无字。

（4）天禧年间（1017—1021），天禧通宝。青铜铸造。重3.56克，厚1毫米。钱径25毫米，穿径6毫米。肉好周郭，外郭3毫米，面内郭0.5毫米，背内郭1毫米。楷书，旋读，背无字。

仁宗时期（1023—1063）

（5）天圣年间（1023—1032），天圣元宝。青铜铸造。重3.6克，厚1毫米。钱径25毫米，穿径8毫米。肉好周郭，外郭2毫米，面内郭0.5毫米，背内郭1毫米。钱文有两种，一为篆书，一为楷书，均为旋读，背无字。

（6）宝元年间（1038—1040），皇宋通宝。青铜铸造。重4克，厚1毫米。钱径24毫米，穿径7—8毫米。肉好周郭，外郭2—2.5毫米，内郭0.5毫米。钱文有楷书、篆书两种，对读，背无字。

（7）庆历年间（1041—1048），庆历重宝。发现于耶波弗伐，现藏于阿努拉德普勒博物馆。青铜铸造。重6.60—6.90克，厚1—2毫米。钱径29—32毫米，穿径8—10毫米。肉好周郭，面外郭3—4毫米，内郭0.8毫米，背外郭2—3毫米，内郭1毫米。楷书，有对读及旋读两种，背无字。

神宗时期（1068—1085）

（8）熙宁年间（1068—1077），熙宁元宝。青铜铸造。重3.1—4.2克，厚1毫米。钱径23—24毫米，穿径7—8毫米。肉好周郭，外郭2毫米，内郭0.5毫米。钱文有两种，一为篆书，一为楷书，皆旋读，篆书写法又有多种。背无字。

（9）熙宁重宝

（10）元丰年间（1078—1085），元丰通宝。青铜铸造。大者，重

7.70—8.10克，厚1.5毫米。钱径30毫米，穿径7毫米。肉好周郭，外郭3.5—4毫米，内郭1毫米。小者，重3.35—4.72克，厚1毫米。钱径23—25毫米，穿径7毫米。肉好周郭，外郭2—3毫米，内郭1毫米。钱文均有两种，一为篆书，一为行书，皆旋读，背无字。

哲宗时期（1086—1100）

（11）元祐年间（1086—1094），元祐通宝。青铜铸造。大者，重6.85—8.55克，厚2毫米。钱径30毫米，穿径8—9毫米。肉好周郭，外郭3—3.5毫米，面内郭1毫米，背内郭2毫米。小者，重3.98克，厚1毫米。钱径24—25毫米，穿径7—8毫米。肉好周郭，外郭2—3毫米，内郭0.5毫米。钱文均有两种，一为篆书，一为行书，皆旋读，背无字。

（12）绍圣年间（1094—1098），绍圣元宝。青铜铸造。大者，重6.75克，厚1.5毫米。钱径30毫米，穿径7—8毫米。肉好周郭，外郭3毫米，内郭1—1.5毫米。小者，重3.90—4.0克，厚1毫米。钱径24毫米，穿径7毫米。肉好周郭，外郭2毫米，内郭0.5毫米。钱文均有两种，一为篆书，一为行书，皆旋读，背无字。

（13）元符时期（1098—1100），元符通宝。青铜铸造。大者，重8.56—8.7克，厚2毫米。钱径30.5毫米，穿径7毫米。肉好周郭，外郭3—4毫米，内郭1—1.5毫米。小者，重3.52克，厚1毫米。钱径23—25毫米，穿径6—6.5毫米。肉好周郭，外郭2—3毫米，内郭0.5—1毫米。钱文有两种，一为篆书，一为行书，皆旋读，背无字。

徽宗时期（1101—1125）

（14）建中靖国（1101），圣宋元宝，青铜铸造。大者，重7.38克，厚2毫米。钱径29—30毫米，穿径7—8毫米。肉好周郭，外郭3—4毫米，内郭1毫米。小者，重4.16克，厚1毫米。钱径24—25毫米，穿径6—7毫米。肉好周郭，外郭1.5—3毫米，内郭0.5毫米。钱文均有两种，一为篆书，一为行书，皆旋读，背无字。

（15）崇宁年间（1102—1106），崇宁通宝。重9.90克，厚2.5毫米。钱径34毫米，穿径9毫米。肉好周郭，外郭1.5毫米，内郭0.5毫米。楷书，旋读，背无字。

（16）崇宁重宝，青铜铸造。重10.25克，厚3毫米。钱径35毫米，穿径9毫米。肉好周郭，外郭2毫米，内郭1毫米。楷书，对读，背无字。

（17）政和年间（1111—1118），政和通宝。青铜铸造。大者，重8.20克，厚2毫米。钱径29—30毫米，穿径6—6.5毫米。肉好周郭，外郭2.5—3毫米，内郭1毫米。钱文有两种，一为篆书，一为楷书，皆对读，背无字。小者，重3.69克，厚1毫米。钱径24毫米，穿径7毫米。肉好周郭，内郭0.5毫米，面外郭1.5毫米，背外郭2—3毫米。楷书，对读，背无字。

（18）宣和年间（1119—1125），宣和通宝。青铜铸造。形制有5种，最大者，重9.10克，厚3毫米。钱径32毫米，穿径8毫米。肉好周郭，外郭3毫米，内郭1毫米。次者，重7.90克，厚1.5毫米。钱径31毫米，穿径8毫米。肉好周郭，外郭2毫米，内郭0.5毫米。再次者，重7.50克，厚2毫米。钱径28毫米，穿径8毫米。肉好周郭，外郭3毫米，内郭0.5毫米。较小者，重5.63—6.77克，厚1.7毫米。钱径27毫米，穿径7毫米。肉好周郭，外郭2毫米，内郭0.5毫米。最小者，重1.90克，厚1毫米。钱径23毫米，穿径6毫米。肉好周郭，外郭1毫米，内郭0.5毫米。钱文均有两种，一为篆书，一为楷书，皆对读，背无字。

2. 南宋时期（1127—1279）

高宗时期（1127—1162）

（1）建炎年间（1127—1130），建炎通宝。青铜铸造。大者，重6.15—6.40克，厚1—1.5毫米。钱径30—32毫米，穿径8—9毫米。肉好周郭，外郭2—4毫米，内郭0.5—1毫米。小者，重3.3克，厚0.9毫米。钱径26毫米，穿径8毫米。肉好周郭，面外郭1.5毫米，内郭0.5毫米，背外郭2.5毫米，内郭1.5毫米。钱文均有两种，一为篆书，一为楷书，皆对读，背无字。

（2）绍兴年间（1131—1162），绍兴元宝。青铜铸造。大者，重7.60克，厚2.9毫米。钱径29毫米，穿径9毫米。肉好周郭，外郭2毫米，内郭0.5—1毫米。钱文有两种，一为篆书，一为楷书，皆对读，背无字，或背穿之上有月文，下有星文。小者，重3.40克，厚1毫米。钱径26毫米，穿径9毫米。面有郭，外郭1.5毫米，内郭0.5毫米。篆书，旋读，背平夷。

孝宗时期（1163—1189）

（3）隆兴年间（1163—1164），隆兴元宝。青铜铸造。重5.80—6.80克，厚1.5毫米，钱径30毫米，穿径8毫米。肉好周郭，外郭2—3毫米，内郭1毫米。钱文有两种，一为篆书，一为楷书，皆旋读，背无字。

（4）乾道年间（1165—1173），乾道元宝。青铜铸造。重5.60克，厚2毫米。钱径27—29毫米，穿径8—10毫米。肉好周郭，外郭2—3毫米，内郭1—1.5毫米。钱文有两种，一为篆书，一为楷书，皆旋读，背无字，或背穿之上有月文，下有星文。

（5）淳熙年间（1174—1189），淳熙元宝。青铜铸造。大者，重6.60—

7.10克，厚1.5—2毫米。钱径29—30毫米，穿径8毫米。肉好周郭，外郭2.5—4毫米，内郭1—1.5毫米。钱文有两种，一为篆书，一为楷书，皆旋读。篆文者背穿上有一"泉"字。楷书者，背穿上下有数字或星月文。小者，重3.80克，厚1毫米。钱径23毫米，穿径7毫米。肉好周郭，外郭3毫米，内郭0.8毫米。楷书，旋读。背穿上下有数字或星月文。

光宗时期（1190—1194）

（6）绍熙年间（1190—1194），绍熙元宝。

宁宗时期（1195—1224）

（7）庆元年间（1195—1200），庆元通宝。青铜铸造。重6.80克，厚1.5毫米。钱径29—30毫米，穿径8.5毫米。肉好周郭，外郭3毫米，内郭1毫米。楷书，对读。背穿下有数字"一"至"六"或"元"字。

（8）嘉泰年间（1201—1204），嘉泰通宝。青铜铸造。重3.22—3.75克，厚1毫米。钱径25毫米，穿径7—8毫米。肉好周郭，面外郭3毫米，内郭0.5毫米，背外郭2—4毫米，内郭1毫米。钱文有两种，一为篆书，一为楷书，皆为对读，背无字。

（9）开禧年间（1205—1207），开禧通宝。青铜铸造。重7.20克，厚1.5毫米。钱径29毫米，穿径9毫米。肉好周郭，外郭2—4毫米，内郭1毫米。楷书，旋读，背穿上有"元"字或数字。

（10）嘉定年间（1208—1224），嘉定通宝。青铜铸造。重3.22—3.75克，厚1毫米。钱径25毫米，穿径7—8毫米。肉好周郭，面外郭3毫米，内郭0.5毫米，背外郭2—4毫米，内郭1毫米。钱文有两种，一为篆书，一为楷书，皆为对读，背无字。

理宗时期（1225—1264）

（11）绍定年间（1228—1233），绍定元宝。

（12）淳祐年间（1241—1252），淳祐元宝。青铜铸造。大者，重6.90克，厚2毫米。钱径29毫米，穿径8毫米。肉好周郭，外郭2—3毫米，内郭1—2毫米。小者，重3.30克，厚1毫米。钱径24毫米，穿径8毫米。肉好周郭，外郭2毫米，内郭1毫米。均为楷书，旋读，背穿上下有数字。

（13）宝祐年间（1253—1258），皇宋元宝。青铜铸造。重5.56克，厚1毫米。钱径29毫米，穿径8毫米。肉好周郭，外郭2.5毫米，内郭1—2毫米。楷书，旋读，背穿上有数字。

（14）开庆年间（1259），开庆通宝。青铜铸造。重6.4克，厚1毫米。钱径28毫米，穿径9毫米。肉好周郭，外郭2毫米，内郭0.8毫米。楷书，对读，背穿上有"元"字。

3. 越南仿造北宋仁宗朝（1023—1063）天圣元宝的钱币

青铜铸造。重3.6克，厚1毫米。钱径25毫米，穿径8毫米。肉好周郭，外郭2毫米，面内郭0.5毫米，背内郭1毫米。钱文有两种，一为篆书，一为楷书，均为旋读，背无字。

1912年在雅巴忽瓦（Yapahuwa）遗址南门下出土了10枚古钱币，这些钱币属于中国北宋和南宋王朝，① 1949年在雅巴忽瓦遗址的东门也发现大量的中国古钱币，装在陶罐里的1352枚古钱币重见天日，② 如下图4-44，a、b、c：

1.太平通宝　2.至道元宝　3.景德元宝　4.天禧通宝　5.天圣元宝

6.皇宋通宝　7.庆历重宝　8.熙宁元宝　9.熙宁重宝　10.元丰通宝

11.元丰通宝　12.绍圣元宝　13.元符通宝　14.圣宋元宝　15.崇宁迪宝

16.崇宁重宝　17.政和通宝　18.宣和通宝

图4-44　a. 雅巴忽瓦发现的北宋钱币

---

① （i）*Archaeological Survey Administrative Report*［ASAR］, 1911-1912, p. 64.
（ii）Codrington H. W.：*Ceylon Coin and Currency*, 1924, pp. 166-169.
② （i）Gunathilake D. S.，*Yapahuwa*, 1963, p. 35.
（ii）*Yapahuwa*：Exploration Report：Archaeological Department Sri Lanka, 2001, pp. 16-17.

1.建炎通宝　2.绍兴元宝　3.隆兴元宝　4.乾道元宝　5.淳熙元宝

6.绍熙元宝　7.庆元通宝　8.嘉泰通宝　9.开禧通宝　10.嘉定通宝

11.淳祐元宝　12.皇宋元宝　13.开庆通宝　14.天圣元宝

图 4-44 b. 雅巴忽瓦发现的南宋钱币

图 4-44 c. 雅巴忽瓦东门发现的北宋和南宋钱币（已经散失）

1. 元符（1098—1100）通宝，北宋　2. 绍圣（1094—1098）元宝，北宋　3. 绍圣（1094—1098）元宝，北宋　4. 淳熙（1174—1189）元宝，南宋　5. 绍熙（1190—1194）元宝，南宋

第三节　三体郑和碑

1911 年，在斯里兰卡南部的临海城市加勒，道路建设工人发现了一面刻有三种语言（中文、泰米尔语、波斯语）铭文的石碑，现在这个石碑被科伦坡国家博物馆修复收藏。刻有中文铭文的石碑作为重要的考古材料有着重大的价值，揭露了斯里兰卡和中国在明朝的文化交流。根据铭文的含义，斯里兰卡三体碑铭的基本用途是用来纪念郑和的第二次航行（1409 年），并且作为供奉斯里兰卡三大宗教——佛教、印度教、伊斯兰教的贡品①。这个石碑是斯里兰卡历史上首次发现的由外国人制造的碑铭。

一、石碑铭简介

铭文作为一种史学研究的原始资料，在斯里兰卡可追溯到公元前 3 世纪，其中包括洞穴铭文、岩石铭文和石板柱铭文等。然而，值得关注的是，带有历史外交信息的碑铭从公元前早期就有发现。那些碑铭描述了斯里兰卡的海事活动和航行到大陆的距离。该记录被一些古代印度洋水手保存。这些关于斯里兰卡自然、历史和海事活动的记述是一批丰富的信息资源。有关远距离航行的最早文学记载出现在一些公元前的碑铭上，其中比较著名的有阿努拉德普勒市 Abhayagiriya 地区的大圆石碑铭、Paramakanda 洞穴铭文、Andiyagala 洞穴铭文。② 所有铭文都提及频繁航行到遥远的印度大陆港口的水手，例如位于西部海滨的 Bharusachcha（现古吉拉特邦的出口）和 Bhojakataka。

国王哇萨巴（Vasabha）的著作《阿奴拉达普勒地区 Paramakanda 洞穴的铭文》提到一个叫 Ayi Sayi③ 的水手。文章试图确定这个人是经常航行到东南亚的一名水手。除了少数的铭文研究著作，有关早期斯里兰卡和东南亚群岛之间航行关系的信息很缺乏。安帕赖区 Mottayakallu 记载的一些铭文提及一个叫 Javaka nayaka 的人，或者一个 Javakas 人的领袖。这部著作反复

---

① *History of Ceylon*, by University of Ceylon, 1964, Vol. I Part I, p. 71.
② Paranavithana S.: *Inscriptions of Ceylon*, Vol. I, Colombo: 1970.
③ Paranavithana S.: *Inscriptions of Ceylon*, Vol. I, Colombo: 1970, p. 66.

提到一个事实,即在公元前1000年晚期,有一批在马来半岛和斯里兰卡东南部定期来回航行迁徙的人。第一个有记载的外交使团是在巴体卡巴雅(Bhatikabhaya)国王统治时期(公元前22—前7年)成立的。这个国王派遣了一队人到罗马的克劳迪亚斯皇帝一世的宫廷。根据提卡大使所提,这次访问的目的是为国王获得大量的玻璃珠,以便在阿努拉达普拉的Maha Stupa(舍利塔)举办仪式时使用。在晚期的记载中,国王咖伽巴忽(Gajabahuka Gamini Abhaya,112—134)亲自参加了南印度的一个宗教仪式。根据泰米尔诗人Silappadikaram的记载,这个仪式在哲罗国举行。

二、关于三体石碑的研究

根据G. A Joseph为皇家亚洲社会研究所锡兰分会做的简要记载,石板的发现可追溯至1911年在加勒市的克里普斯路进行的工程建设,石碑被再利用,作为阴沟的挡板。目前这个区域仍被当地人称为"Cheena Koratuwa",意思是中国广场或者港口。他们发现那些石碑作为阴沟挡板而放置,有题字的一面朝下[①]。发现石碑的加勒,是一个非常重要的地方。13世纪之后,来这里的中国人的活动范围曾从西北到达西南。同时这里也可见与中国有关的遗物,例如在现代加勒港口附近进行的海洋考古工作中,可以看到中国钱币、玻璃陶器和青花瓷(第三、四章有详细介绍)。

1. 三体石碑的特征[②]

根据分析,石碑呈现灰绿色,泛黑色微光(强烈地暴露在空气中),含有绿色和白色的长石、石英、不规则颗粒纹饰,颗粒为1—3毫米(闪长岩或者粗石岩)。石碑的尺寸为平均长144厘米(142—145厘米),宽77厘米(75.3—77.8厘米),厚12厘米(从左下端到顶端变化范围是13—11.5厘米,从右下端至顶部为13.5—12.5厘米)。石碑顶部是四角成平滑圆形的矩形,上有装饰物。顶部装饰物高23厘米,圆角,因为两边均有装饰物厚度减少7厘米。

石碑上有两条对立的龙,头部带角,尾巴缠绕在一起。它们在空中玩

---

① *Journal of Royal Asiatic Society*(*Ceylon Branch*),1910-1912,No. 22,p. 129.
② (i) Parnavithana S.:*Epigrapia Zeylanica*,No. 3,1928-1933;No. 36,1933:p. 331-341.
(ii) Gulu Wang:*Zhenghe Xizheng Kao*:*the Voyages of Zheng He*,Trans. *Wenzhi jikan* 4,No. 3-4,pp. 473-416,851-890.
(iii) Yamamoto:*Zheng He's Expeditions to the South Sea Under the Ming Dynasty*,Trans. Toyo,Gakuho,1934,p. 21.
(iv) Perera E. W.:*The Galle Trilingual Stone*:*Spolia Zeylanica*,1913,pp. 122-134.

要一颗球（珍珠），周围稀疏分布着一些卷曲的纹饰（云雾或海浪），被连续的波浪状带形卷曲植物（兰花花瓣）环绕。碑文内容是分开的，高112厘米，宽68.3—68.5厘米。这些题字从右到左题写，中文占25.5厘米，共11行，大概有265个字及3.5厘米的空白。泰米尔语和波斯语占39.5厘米，水平书写。泰米尔语在石碑的左上部，共23行。波斯语在石碑的左下部，水平题写，共22行。石碑的损坏程度可从石碑矿物颜色的改变看出，上面的字迹大都丢失和损坏。底部的带状植物装饰上覆盖有2厘米的水泥石沙。石碑的艺术风格、尺寸、材质是与同时期类似的中国石碑和其他遗址石碑进行比较的重要考古学特征。

2. 三体石碑铭的中文部分解读

以下是一些早期较为著名的释读：例如 E. W. Perera[①]、A Edmund Backhouse、H. Krishna Sastri、S. Paranavithana、Eva Nagel 都做过释读。2001年 Eva Nagel 做的一次释读，试图进行更深入和完整的研究[②]。

中文部分如下：

L.1 … 大明

L.2 皇帝遣太監鄭和王貴通等昭告于

L.3 佛世尊… … …曰仰惟慈尊圓明廣大道臻玄妙法濟群倫歷劫何忍征歸弘化能仁慧力妙應無方惟錫蘭山介乎海南言言梵

L.4… … … 刹靈感翕彰比者遣使詔諭諸番海道遐開洽賴慈祐人舟安利來往無虞永惟大德禮用報施謹以金銀織金紵絲寶幡

L.5… … 香盧花瓶紵絲表裏燈燭等物布施佛寺以老供養惟

L.6 世尊鑒之

L.7… … …總計布施錫蘭山立佛等寺供養

L.8… … … 金壹阡錢…銀伍阡錢…各色紵丝伍拾足…各色絹伍拾足…織金紵絲寶幡肆對納 紅貳對…黃一對…青一對

L.9… … …古銅香爐伍箇戧金座全…古銅花瓶伍對戧金座全…黃銅燭臺伍對戧金座全… 黃銅燈盞伍箇戧金座全

L.10… … …硃紅漆戧金香盒伍箇… …金蓮花陸對… …香油貳阡伍伯觔… …蠟燭壹拾對…檀 香壹拾炷

L.11…峕永樂柒年歲次己丑二月甲戌朔日謹施

[①] Perera E. W., "The Galle Trilingual Stone," *Spolia Zeylanica*, 1913, 8, pp. 122 – 134.

[②] Nagel Eva, "The Chinese Inscription on the Trilingual Slabstone from Galle Reconsidered," *Ancient Ruhuna*, 2001.

3. 讨论与结语

据铭刻记载："有 1000 枚金币、5000 枚银币，色彩斑斓的刺绣丝织品和丝绸各 50 匹，四面镶有宝石的旗帜，以及一些镶金刺绣等"。① 这些物品都是明朝永乐时期为斯里兰卡那些位于锡兰山上的佛教寺庙提供的。根据石碑上所表现的内容，毫无疑问可以辨别出是明朝的物品。另外，石碑上部镶嵌着宝石的龙形是明朝时期普遍的艺术思想体现形式（图 4 - 45，b，c）。

图 4 - 45a、b、c 为三体郑和碑：

a. 科伦坡国家博物馆藏三体石碑整体及局部

---

① Epigraphia Zeylanica：Vol. 111, Colombo：pp. 340 - 388.

b. 石碑顶部的两条中国龙

c. 明代石板常见的花纹边界

图 4-45　三体郑和碑

然而，对于斯里兰卡锡兰山寺庙的认识还有不清晰之处。以往许多的学者认为在郑和三体石碑中所提及的斯里兰卡锡兰山上的寺庙是"亚当之巅"寺（Adam's Peak）。而笔者认为其很可能是雅巴忽瓦（Yapahuwa）寺而非"亚当之巅"寺，因为古代中国自从宋朝之后便同雅巴忽瓦有着特别的关系。在斯里兰卡一个较短的时期内这里有一个佛陀舍利遗迹宫殿，而当时中国元代君主忽必烈对舍利非常感兴趣，所以同时期中国人对雅巴忽瓦比较熟悉。而根据斯里兰卡的历史记载，有数个中国团队曾到雅巴忽瓦进行佛教活动。当时中国人并没有到"亚当之巅"。而雅巴忽瓦同中国宋朝之后一直有着联系，在这里发现了更多的中国铜钱和陶瓷。

第四节 其他有关的文物

然而，单一的考古学证据无法全面恢复古代贸易场景，因为许多贸易物品，例如纺织品、珍贵木材、珍珠、植物药材、香料（丁香、胡椒和肉桂）、香薰等，无法在热带环境中长时间地保存下来。无论如何，其他一些耐用品依然可以提供一些佐证，从而可以通过遗物和相关文献记载结合来进行比较。

斯里兰卡有很多有着重大意义的中国人工制品和一些可信的线索，这些线索表明古代斯里兰卡和中国以及其他地区及国家的外交关系情况。在4世纪的早期，中国僧人法显记录他在斯里兰卡发现的一种中国制造的白色塔夫绸①（中国生产的著名丝绸）。这是第一件能证明斯中关系的中国遗物。尽管我们已经发现很多可以证明的遗物，例如斯里兰卡使用的中国丝绸、纺织品、药材和香料等，但是却未发现有关1世纪斯中关系的遗物，因为这些物品在热带气候中很难保存下来。幸运的是，我们还是在中国和斯里兰卡发现了一些数量可观的考古学证据，来证明了两国存在的物品贸易。

中国丝绸是吸引西方世界的第一货品。中国史料清楚地记载由于丝绸贸易，中国和西方在西汉时期就已有直接接触。② 这时期中国商人跨过马来半岛和印度洋来到斯里兰卡，然后再驶向地中海地区。同时丝绸成为从中国出口至西方的主要物品。而且已有证据表明，从公元前2世纪到2世纪中国丝绸在斯里兰卡颇为流行。值得注意的是，最近斯里兰卡的考古学家在2001年斯里兰卡科咖拉区的拉布拉卡纳（Rambukkana，Kegalle）、达里瓦拉（Delivala）的"Kota vehera"佛教舍利塔的发掘中，发现了一些中国的纺织品，通过专业碳14测年法的测试，其年代在2世纪早期。澳大利亚国立大学的Judith Cameron认为2世纪早期的国王是"天王爱帝须"，他是斯里兰卡佛教的创始人。这从历史和文化的角度解释了为什么这一时期在斯里兰卡佛教盛行。他同时还提到中国丝绸通过丝绸之路传入斯里兰卡。其他有关6世纪斯里兰卡发现的中国丝绸的重要证据是西吉利亚的镜子墙。来自中国的丝绸在斯里兰卡受到广泛青睐，在其他国家和地区也是财富和奢侈的象征。例如，位于斯里兰卡中北部的Sigiriya镜子墙上有一首诗，提到了"Sigiriya Graffiti"画中描述

---

① ［东晋］法显：《法显传》，章巽校注，上海古籍出版社1985年版，第151页。
② ［东汉］班固：《汉书》卷二八下《地理志》。

的一个"金色少女"衣着中国丝绸(图 4-46 b),这首诗歌"*sina pata beji e rana vana*"①(图 4-46 d)起源于 8 世纪后半期,意思是……穿着中国丝绸的金色的人(黄种人)(在其文章中提到)。

和丝绸纺织品同时出土的人工制品和呈现的佛教氛围,证实了斯中佛教文化的交流。此外,这些发现也为早期斯中佛教文化提供了一些暗示。遗址新出土的丝绸证明达里瓦拉(Delivala)Kotavehera(图 4-46 a)是一个未被盗宝者破坏的佛教纪念碑。之后又找到了中国硬币和少数陶器,这些都关键性地证明了波隆纳鲁沃时期和打巴德尼雅(Dambadeniya)时期斯中两国的关系。

此外,两国往来的重要的动植物证据在中国南部的广东和广西汉代墓葬中可以找到,如草药、香料、象牙、珍珠、红宝石等。汉墓中蓝宝石项链和斯里兰卡中北部省份伊班卡土瓦(Bbankatuwa)(图 4-46 f,斯里兰卡铁器时代墓遗址)的项链形制相似。中国也有文献记载作为证明,《唐国史补》就给予很多支持。斯里兰卡则普遍记载它们是中国从斯里兰卡进口的。这不是直接证据,但是提供了有关斯中关系的线索。

以下图 4-46(a—m)为其他文物:

a. 世纪丝绸发现地——大底咖玛(Dadigama),kotavehera

b. 丝绸覆盖的旋转管状弹

c. 穿丝绸的金色女(5 世纪)

---

① Paranavithana S.: *Sigiri Graffiti*, No. 399, Oxford.

ඞකවද රැපිdටුහවා

d. "…*sina – pata beji e rana – vana*" "金色女衣着中国丝绸"

e. 斯里兰卡伊班卡土瓦发现的公元前 900 年的墓葬（Ibbankatuwa）

f. 1980 年"伊班卡土瓦"墓葬考古发掘发现的公元前 900 年的红玉髓、玛瑙珠子项链

g. 广州瑶岗出土的西汉项链

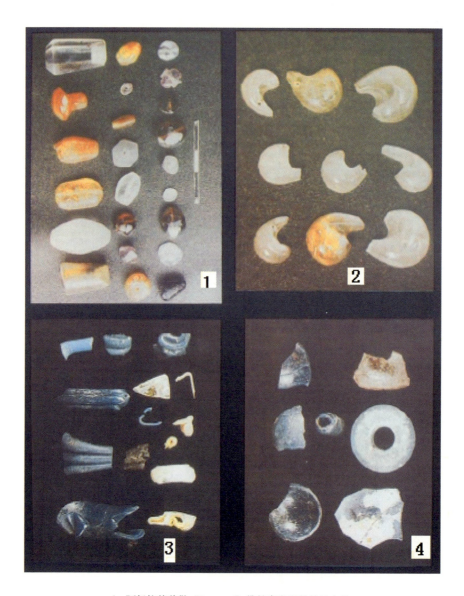

h. 阿努拉德普勒"Jetavana"佛教庙发现的外地文物
1. 半宝石珠子　2. 玻璃和水晶装饰　3、4. 玻璃装饰

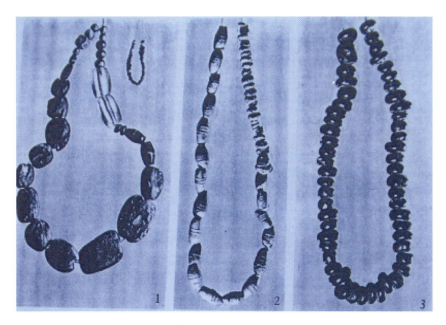

i. 广州东汉墓出土的珍珠项链

j. 广州东汉墓出土的玻璃粉

k. 广州西汉墓出土的陶犀角

l. 广州出土的西汉早期象牙状陶器

图 4-46 其他文物

第五章　斯里兰卡在中国海外交通上的地位

　　本章的目的是讨论斯里兰卡自公元前 2 世纪以来在中国海上交通的地位，以及作为连接南中国海同西方的纽带的重要性。笔者之所以对这类研究作介绍，有几方面的原因，其中一个就是斯里兰卡在这片海洋所体现出来的地理和文化上的重要性。此外，在本章中笔者会对斯里兰卡同中国以及南亚其他国家甚至更远的国家之间的文化和商品交流做一个简要的历史性描述。

　　斯里兰卡历史发展有两个重要的因素，其一是该国在世界背景下的内外部历史地理环境。在整个亚洲环境中，它的地理和文化所体现的几个特殊点是：（a）岛国特征；（b）位于南亚次大陆的最南端；（c）处于东西方海洋交通中心点位置上。这些因素在过去的两千多年里深深地影响了该国的发展。斯里兰卡大学的著名教授 Kularathnam[①]在其一篇谈论斯里兰卡地理位置以及斯里兰卡历史上的地理背景的论文——《锡兰历史》中，对斯里兰卡有一个戏谑性的描述，这是一个"优越地理位置 + 男人 + 工作"的地方。Kularathnam 教授对斯里兰卡的描述可以说恰到好处，因为在斯里兰卡早期经济繁荣发展中，它一是靠发达的农业，二是靠在繁荣的海洋港口中所进行的国际贸易。对于内陆广阔的中国，也曾出现相似性的描述。Syracuse 大学的 George B. Cressey 教授[②]在其《5 亿人的大陆》一书中谈到中国时说到："中国的大门是海洋而非内陆。"[③] 斯里兰卡所处的海洋环境，有助于我们在了解两国文化交往本质中有一个完全的图景。而当我们假设有一些相反性的因素在里面，想象斯里兰卡并非一个岛国，而中国也并没有利用其海洋进行活动时，那么斯里兰卡在两国交往中将不会如此重要，两国的历史和文化交流也不会有如此的规模。

---

① Kularathnam；sin.（edi）：*History of Ceylon*, by University of Ceylon, Vol. I Part I, 1964, pp. 1 – 9.

② George Babcock Cressey 是一个美国地理学家、作家、学者。他获得了地理学的博士学位，之后在上海大学任教，游历了中国的许多地方。

③ G. B. Cressey：*Land of the 500 Million*（sin. edi.），1972，p. 408.

另外一点便是斯里兰卡内部的历史地理情况。它的这种内部文化价值可以用理论表述为下列几个方面：（a）斯里兰卡岛的内部历史地理包括斯里兰卡的海洋景观背景；（b）地理政治以及佛教文化的保存地；（c）丰富的自然资源以及由此产生的贸易产品；（d）自身的技术和管理系统。斯里兰卡自身内部的文化组织在过去超过2500年里吸引着大量的外来人。

第一节　斯里兰卡地理位置的重要性

一、斯里兰卡的历史地理和海洋景观

毫无疑问，斯里兰卡是一个漂亮的岛屿，最好的证明是大量的外国航海者、探险者、旅行者等来到了斯里兰卡。他们对斯里兰卡的兴趣可以从其对斯里兰卡的称呼中看出来，不同的国家、不同的时期对斯里兰卡有着不同的称呼，相关的历史文献记载有70多处。它们表述出当时斯里兰卡港口的优良、地理位置的优越、山水的美丽等。中国相关文献对斯里兰卡有不同的称谓：法显（Fa Hsian，337—442）称之为"狮子国"[①]；玄奘（Hsuan Tsang，602—664）称之为宝石州[②]；释义净（I-Tsing，635—713），称之为僧伽罗州（Sihaladipa[③]，僧伽罗人的国家）；赵汝括（1170—1228）称之为 Si-louen-tie（Sirandib），等等。中国有关唐朝时期的著名文献，李肇著《唐国史补》提及"……师子国舶最大，梯而上下数丈……"[④] 早期，中国人用这些名字来介绍斯里兰卡，而且当时个别中国人也因对斯里兰卡非常感兴趣而关注斯里兰卡。例如，中国僧人法显在斯里兰卡居住了两年多以研习佛教。他记录了大量的佛教文献，探索了斯里兰卡的大部分地区。法显的游记中动人地描述了当时印度洋的古代海上航线、方向和航行环境。法显当时是通过海路进入斯里兰卡，后来又通过海路从斯里兰卡回到中国。在他的记录中，详细地描述了印度与斯里兰卡的距离，以及花多少时间可以到达斯里兰卡，从哪个方向登陆。两年后他对怎样从斯里兰卡返回中国做了相似的描述。[⑤] 笔者认为，法显的记录非常符合当时斯里兰卡的历史位置，而且也阐明了斯里兰卡在当时东西方海上交通的重要性。

接下来详述有关斯里兰卡内陆的历史海洋景观（landscape）。考虑到地理因素，斯里兰卡是一个重要的停泊港湾，东西方来往的船只需要在这里

---

① ［东晋］法显：《法显传》，章巽校注，上海古籍出版社1985年版，第148页。
② Weerasingha S. G. M.：*A History of the Cultural Relations Between Sri Lanka and China*：1995，p. 26．
③ Ibid.
④ ［唐］李肇：《唐国史补》卷下，古典文学出版社1957年版，第六三页。
⑤ ［东晋］法显：《法显传》，章巽校注，上海古籍出版社1985年版，第148-176页。

等待继续航行的季风以及补充食物、水等其他必要装备，以及在此对人员进行休整，因为长期海上航行已经消耗了人员的忍耐力。这一切使得船员将斯里兰卡作为东西航行的中间停靠点。从斯里兰卡的贸易方向以及考古发现的船舶来看，斯里兰卡是一个理想的货物中转以及商品交换的场所。在斯里兰卡港口和首都偶然发现的外国商品清晰地表明了这方面的联系。在加法拿（Jaffna）、卡它拉咖玛（Kataragama）、日底雅咖玛（Ridiyagama）、阿努拉德普勒、西格里亚以及其他30多个遗址发现的罗马窖藏钱币是一个非常重要的线索。

在科伦坡，罗马钱币当街卖给那些货币收藏家和古物爱好者。中国的货币和陶瓷从斯里兰卡的加法拿（Jaffna）到曼泰，从阿努拉德普勒到波隆纳鲁瓦，从雅巴忽瓦到打巴德尼雅（Dambadeniya），从西格里亚到帕都瓦萨努瓦拉（Panduvasnuvara）、康提（Kandy）到加拉和提色玛哈拉玛（Tissamaharama），都是很受欢迎的商品。斯里兰卡十字形状的领土消除了那些对于斯里兰卡是否同大帝国进行如此亲密的商业贸易的怀疑。出现的问题变成了这些商业贸易的具体地点在哪里。答案便是斯里兰卡广阔的海滩、港口、河口。我们猜测曼泰是这些港口中最适合商业贸易的地方，直到大型船只的到来和曼泰河道水位的下降造成了航行的不便，曼泰的地位才有所下降。

而且，历史材料和考古实物资料显示，中国是同古斯里兰卡在陆上和海上丝绸之路都有紧密联系的国家之一。中世纪的中国有着强盛的文明，他们愿意探索外界，并同其他国家交流。古代中国因其强大的海洋力量而成为闻名于世的东方国家，因此其内部的历史地理环境对其同外国的交往有着重要影响。斯里兰卡作为一个岛国拥有丰富的自然资源，例如动植物资源、名贵的宝石等。根据相关地理资料，我们可以知道斯里兰卡在百万年前曾和印度大陆分合多次，并且是经过复杂的地理和历史过程形成的。[①]这一切给了斯里兰卡很大的经济价值。在很长历史时期内，宝石在印度洋的贸易中是一种非常有影响的商品。当时印度洋的动植物资源贸易和文化交流活动覆盖了非常宽广的地域，从南中国一直到非洲的东海岸、阿拉伯海岸、地中海地区。斯里兰卡作为连接东西方大洋海上交通的中间点，扮演着一个非常重要的角色。历史上，它作为一个岛国，对来往的中国船只来说是一个重要的经济中心。在印度洋航线上，斯里兰卡连接着红海的北

---

① 根据自然科学数据显示，斯里兰卡和印度在7000年前完全分开，而在过去的70万年间斯里兰卡和印度大陆有17次分合。在这些分合的过程中，在斯里兰卡的西北部形成了许多小岛。400年中国僧人法显在从印度南岸港口往斯里兰卡的途中记录了上百个这样的小岛。

部港口而通向地中海地区,也直接联系着中国的港口。斯里兰卡在海路上是连接当时世界三大文明重镇——中国、印度、罗马的中心点,所以它们之间通过海上丝绸之路以及起始于中国西部的陆上丝绸之路的文化交流活动,始终直接或间接地影响着斯里兰卡。因此,我们对于据斯里兰卡最近发现的史前印度部落、佛教的流入,以及中国和东南亚地区对它的影响不必惊讶。由于其在印度洋上的重要历史地位,不同的国家在历史上曾从四面八方登陆斯里兰卡,作为一个岛国它在主要海上航线上将中国、东南亚同近东以及地中海地区联系起来。①

二、印度海洋航线的中间点②

毫无疑问,斯里兰卡自公元前 1000 年以来便对水手、航海员、旅行者、宗教和政治群体有着巨大的吸引力。③ 考察一下斯里兰卡所处的地理航行背景的位置,我们便可得知它有两个方面的地理优势:(a)它处在赤道上,在这里海洋风和季风不断地改变方向;(b)它差不多是处在罗马和古代中国两大帝国的中间点上。综合这些地理特征,斯里兰卡便自然成为停泊所需的港湾,而东西方往来的船只顺着航路一般直接就到曼泰港口,在这里船只等待着继续航行所需要的季风,然后进行食物、水和其他必要补充。这些必需品以及人们对长期离家的忍耐,使无论来自东方还是西方的航海者都将斯里兰卡岛视为"返乡之港"。

希腊人和罗马人在公元 1 世纪的几个发现,可以更好地帮助我们理解斯里兰卡处在印度洋航线中心点的重要性以及季风技术在穿越大洋上的主要影响。1 世纪,希腊人忽坡拉色(Hippolos)发现如果在红海口利用季风,便有可能穿越印度洋到达印度。④ 这一信息非常重要,因为它是最早的关于利用季风进行航行的历史材料。继忽坡拉色的发现之后,许多希腊人和罗马人在 1 世纪末的时候利用这个方法来到印度。所有这些尝试都是世界海洋航行历史上开创性的举动。

---

① Frenando M. Prickett: *Durable Goods: the Archaeological Evidence of Sri Lanka's Role in the Indian Ocean Trade*, 1990, p. 61.

② Silva R.: "Mantai – The Great Emporium of Cosmos Indicopleustes," Warmington's Shipping Data: (from Rome to Mannar and Mannr to Peking), *Ancient Ceylon*, Sri Lanka: No. 14, 1990, pp. 6 – 8.

③ Bandaranayake S., *Sri Lanka and Silk Road of the Sea*, Introductory Note, 1990, p. 9.

④ (i) *History of Ceylon*, by University of Ceylon, 1964, p. 16.

(ii) McPherson Kenneth: *Traditional Indian Ocean Shipping Techology*, 1990, pp. 261 – 264.

2世纪中叶,希腊人托勒密(Ptolemy)绘制了一幅世界地图。① 在其地图上托勒密将斯里兰卡标注为"Taprobane"岛,② 也注明了以前有人用"Simondo",还有人用"Salike"称呼斯里兰卡。我们可以看到当时在托勒密的眼中斯里兰卡是多么重要。地图指出了斯里兰卡国土的大小、同印度的关系,以及斯里兰卡岛处在红海、地中海同中国之间海上航路的中间点上。6世纪,希腊作家Cosmas Indicopleustes③对斯里兰卡商业贸易有过著述,他强调了斯里兰卡作为一个商贸中心的重要地位。另外,还有一些重要论述谈到了斯里兰卡的中间点位置以及季风技术对中国船只的影响。

公元1世纪的著名文献"Milindapanaha"指出通过曼泰海峡连接中国和红海所形成的线路"可以到达万咖(Vanga)、塔卡拉(Takkkola)、中国、SoviraSurat、亚历山大(Alexandria)、科拉曼答拉(Koramandal)等港口"④。而且资料显示斯里兰卡西北部的港口更适合海洋航行和船舶停靠,主要原因是其便利的地理位置。印度南部的Rameshwaram和斯里兰卡岛北部顶端的曼泰海湾在这里形成了一个窄窄的航道,而且曼泰商业中心处于印度洋地区东西方商品交易的战略地理位置。因为斯里兰卡和印度之间所形成的航道很浅,船只到达曼泰后不用转向直接可以停靠在河道旁。⑤

另外,斯里兰卡所处的重要位置以及其同赤道的平行,使航船在这里可以很好地利用季风。

作为一个停泊中转点,曼泰保留了许多历史资料。有大量的外国船只,如波斯的,西印度重要港口⑥斯拉伐(Siraf)、拉幕(Lamu)、啊哈拉(Ahar)、色哈拉(Sohar)、半厚勒(Banbhore)的,还有中国、东南亚的船只在这里等待着合适的季风航行。它们的文献对此也有所记录。根据希腊历史学家Strabo的记录,埃及的玛由色(Mayos)港口每年都有上百只船驶向斯里兰卡。⑦ 而后,据8世纪佛教朝圣者金刚智(Vajjrabodhi)记载,有35艘可能是波斯的船在曼泰等待着去中国。⑧ 现在还没有足够的材料表明在

---

① Ptolemy's Geographiya: *History of Ceylon*, by University of Ceylon, 1964, p. 16.
② Ibid, p. 17.
③ Cosmas Indicopleustes: *History of Ceylon*, by University of Ceylon, 1964, p. 16.
④ Prasad P. C.: *Foreign Trade and Commerce in Ancient India*, 1977, p. 31.
⑤ Tampoe Moira, *Tracing the Silk Road of the Sea: Ceramics and Other Evidence From the Partner Ports of the Western Indian Ocean* (8th – 10th AD), 1990, p. 99.
⑥ Tampoe Moira, *Tracing the Silk Road of the Sea: Ceramics and Other Evidence From the Partner Ports of the Western Indian Ocean* (8th – 10th AD), 1990.
⑦ Silva R., "Mantai – The Great Emporium of Cosmos Indicopleustes," *Ancient Ceylon*, 1990, p. 9.
⑧ Frenando M. Prickett, *Mantai – Mahatitiha: The Great Port and Enterpot in the Indian Ocean Trade*, 1990, p. 117.

唐朝中期以前有中国的船只直接驶向斯里兰卡。汉代的地图表明中国船只的海洋航线是从中国南方到东南亚的。在2世纪，印度人就在孟加拉湾①（Tamralipti）港同阿拉伯人、希腊人、罗马人进行贸易往来，但是这其中大多时候斯里兰卡的曼泰港是印度洋地区的主要商业贸易中心。斯里兰卡的海岸线上遍布着适合停泊的港口和海湾。考古和文献资料表明，斯里兰卡大多自然港同那些四面八方到来的船只都有联系。

---

① Cady John F, *South – East Asia：Its Historical Development*, 1976, p. 27.

第二节　近海和内河航行的背景与佛教中心

一、古代斯里兰卡的主要商业港口

作为印度洋海上航线上的主要中心港口之一,长久以来,斯里兰卡是与其他国家大规模往来的重要枢纽。斯里兰卡的地理位置和历史布局是其与其他国家①在古代相互影响的重要因素。到目前为止,古斯里兰卡的僧伽罗语佛教文化和其内部的地理以及政治局势吸引了外国更多的眼光。②

此外,斯里兰卡的海岸线长 1340 千米,沿岛周围有繁荣的天然港口和人工港口,因此它适合外国人抵岸以及进入岛屿。除此之外,在阿努拉德普勒期间(公元前 300—1017),曼泰港对印度洋东西部的货物交换起到很重要的作用。由于斯里兰卡和印度之间的海上带非常窄浅,船只可以来曼泰,并且无需转向。③ 正如一些中世纪历史文献提到的,外国商业贸易是通过环岛的港口来进行,包括从南部到西部的萨拉瓦它土塔(Salavattota,今 Chilaw)、麽咖幕哇(Meegamuwa, Negombo)、瓦它它拉(Wattala)、卡拉尼呀(Kelaniya)和科伦坡(Colombo)、格达帕瓦它(Gothapabbata,今 Godawaya)、德吾尼德拉(Devndara)、尼拉瓦拉它塔(Nilvalatitta,今 Matara)、瓦里咖玛(Mahavalukagama, Weligama)、(Gimhatitta,今 Gintota)、Bimhatitta(Bentota)、Kalatitta(Kalutara)和由西向东的 Uruvela、Kollankanatta、万卡莱(vankalai)、曼泰、Alalaippidd、Uratota、Jambokola、kuccaveli、Nilaveli、Gokannatitta(亭可玛里)等。所有这些港口不仅直接连接到其他国家,而且也联系着斯里兰卡境内的主要河流和河流分支(图 5 - 1)。

---

① (i) *History of Ceylon*, by University of Ceylon, 1964, pp. 1 - 19.
(ii) Nicholas C. W., "Sinhalese Naval Power," *Sri Lanka and Silk Road of the Sea*, 1990, pp. 281 - 287.
② Bandaranayake S.: Central Cultural Fund Colombo Sri Lanka, introductory note of *Sri Lanka and the Silk Road of the Sea*, 1990, pp. 9 - 10.
③ Tampoe M., *Tracing the Silk Road of the Sea: Ceramics and Other Evidence From the Partner Ports of the Western Indian Ocean* (8th - 10th AD), 1990, pp. 85 - 103.

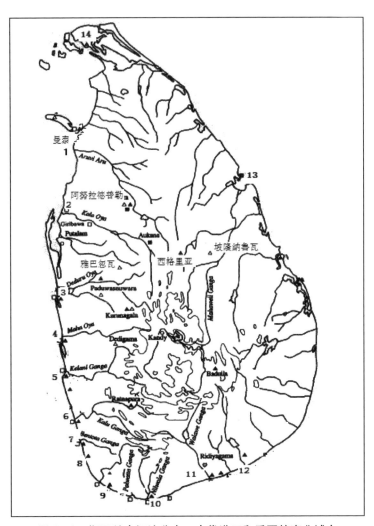

图 5-1 斯里兰卡河流分布、古代港口和重要的商业城市

1. Aravi Aru：港口曼泰商业城市：曼泰、阿努拉德普勒等。2. Kala Oya：商业城市；西格里呀 Aukana 等。3. DeduruOya：港口；萨拉瓦它土塔（Salawathtota；Chilaw）商业城市 雅巴忽瓦、到打巴德尼雅（Dambadeniya）、帕都瓦萨努瓦拉（Panduvasnuvara）、苦鲁纳加勒 等。4. Maha Oya：商业城市 雅巴忽瓦、帕都瓦萨努瓦拉、苦鲁纳加勒、达地伽马（Dedigama），等。5. Kelani ganga：商业城市；科伦坡、Wattala 等。6. Kalu ganga：商业城市；撒咯里（pieh - lo - li）（Beruwela）等。7. Bentota ganga：商业城市 8. 加勒 9. Polwattha ganga：港口、商业城市；瓦里咖玛（Weligama）德吾尼德拉（Devndara）、Matara 等。10. Nilwala ganga（瓦拉它塔 Nilvalatitta 今 Matara），商业城市；瓦里咖玛（Weligama）德吾尼德拉（Devndara）、Matara 等。11. walawe ganga：港口、商业城市；古答瓦雅（Godawaya；Gotapabbatha）Ridiyagama 等。12. kirindi oya：商业城市；提色玛哈拉玛（Tissamaharama）13. Mahaveli ganga：亭可马里（千里马，苦卡纳）商业城市；波罗纳鲁瓦，西格里亚等。14. 乌拉陶特（Uratota）和（Jambukolapattana）

152

例如萨拉瓦它土塔（Salavattota，今 Chilaw）、Deduru Oya、Wattala Kelani river、Kalatitta（Kalutara）、at the Kalu ganga（ganga、Oya = 河、江）、Bhimmatitta（Bentota）、at the Bentota ganaga、曼泰、Araviaru or Malwathu Oya，等等，组成了岛上最重要的交通网络，同时也促进了古代斯里兰卡区域间的交易和越洋贸易。① 因此，斯里兰卡作为一个独特的历史文明岛屿和一个独立的政治和文化实体，在过去的两千多年对国际关系产生了重大影响。

当然，我们有更多重要证据来证明斯里兰卡的历史外交关系。外国文物如钱币、陶瓷、进口石材、金属物品和一些外国的动物遗骸，如马，在沿海和内陆地区的考古遗址都有发现。

1. 曼泰

曼泰古港口坐落在斯里兰卡岛西北部。曼泰遗址是反映中石器时代晚期考古学文化的一个遗址。前一章是笔者进行陶瓷研究最重要的部分，因为笔者所做的分析都是通过研究一些在斯里兰卡考古遗址所发现的中国瓷器碎片完成的。在曼泰古港口发现许多可用于考古研究的外国陶瓷，因为自公元前 3 世纪以来，曼泰就被看作是一个著名的港口，出口瓷器之类的商品。自 6 世纪以来，它又是维持斯中两国贸易关系重要的地方。因此，曼泰这个重要的古代港口是最适合笔者研究的地方。6—12 世纪，曼泰作为斯中两国联系的重要港口，在近年吸引了不少当地以及国外考古学家进行发掘和研究。例如在 1980、1982 和 1984 年间，有达拉尼雅咖拉博士（Dr. Deraniyagala）、斯里兰卡考古部主任和芝加哥大学东方研究所的 John Carswell 曾在此进行挖掘。此前，博卡（W. J. S. Boake）在 1886 年、斯蒂尔（John Still）在 1907 年、霍卡特（A. M. Horcart）在 1926—1928 年间、萨姆咖那丹（S. Sanmuganathan）在 1950—1951 年间、卡巴兰（S. M. Kaplan）在 1957 年和 d R. H. de Silva 在 20 世纪 70 年代初期都曾在曼泰进行过考古发掘（见本书第四章）。

2. 萨拉瓦它土塔（Salawathtota，Chilaw）

萨拉瓦它土塔（Salawathtota）即现在的池崂港，它从 12 世纪起就十分重要。从 1188 到 1200 年，珠罗人入侵斯里兰卡就是从此处登陆，《檀巴德尼阿斯纳》的记载中也提到有外国人从这里登陆。《尼卡亚》（Nikaya Sangrahaya）里有记载，在 14 世纪中期，泰米尔人（Arya Cakravarti）曾占领了科伦坡、瓦特拉（Wattala）、尼甘布（Negombo）和萨拉瓦它土塔。由

---

① Bopearachchi O. & Wijayapala W. H.：*Sea Ports，Inland Emporia and Maritime Communities in Ancient Sri Lanka*，1994（UN Published Report）.

此可以看出,这里也是一个便于登陆的港口。

3. 科伦坡(Colombo)

科伦坡是斯里兰卡现在的首都,同时也是最重要的港口之一;也是斯里兰卡最大的城市,全国的政治、贸易和经济中心;居住的人口大多是穆斯林,他们早在10世纪起就开始在这里定居。16世纪葡萄牙人来到斯里兰卡的时候,科伦坡也是斯里兰卡的主要港口。

中国与斯里兰卡的交往早在1世纪初的汉代就已开始,双方的往来较为频繁,从交往内容看主要是佛教文化的往来,并且带动了政治和经济方面的交往,由此可见,在当时的港口进行的交流实际上是横跨大洋的航行网络,海路船只的运输能力远胜于陆路。在海洋交通网络中,斯里兰卡因地理位置重要、港口资源理想而扮演着重要的中转站的角色。与此同时,它还为庞大的贸易网络提供了宝石、珍珠、象牙、龟甲等珍贵货物,科伦坡也成为不可缺少的贸易网成员。

4. 撇咯里[①](pieh-lo-li,Beruwela)

斯里兰卡经历了几个世纪的发展,特别是随着政治中心转移到西南部以及西南部地区而不断发展和崛起,西南部的一些港口如撇咯里(Beruwela)、本投特(Bentota)、瓦特拉(Wattala)、萨拉瓦它土塔(salavatha)也成为斯里兰卡与东西方海上贸易的重要港口。

郑和下西洋时船只也到过鲁瓦拉港口(称为别罗里),随郑和下西洋的马欢、巩珍等人对别罗里的情况均有记载,如《西洋番国志》:"过此正西船行七八日见莺歌嘴山,又三两日见佛堂山,始到锡兰国码头,番名别罗里,泊船登岸。海边山脚石上有足迹长二尺许,云是释迦佛自翠蓝山来就此登岸,足迹存焉。中有浅水不干,人就蘸水洗面目。其左有佛寺,寺内佛卧尚存,寝座皆用诸宝石嵌沉香木为之,极华丽。及有佛牙并活舍利子等物在堂。"[②]在斯里兰卡西海岸的几个港口经常可以看到有大的船队经过(Parevi、Gira 和 Kahakurulu 都有记载),14世纪时期意大利的 John De Marignolli 在乘船去中国的路上,也到过斯里兰卡的波瑞维尔斯(Perivils)港口。据记载,波瑞维尔斯就是别鲁瓦拉。在 Marignolli 的记载中我们可以看出,别鲁瓦拉居住着许多穆斯林,有个穆斯林的首领 Coyajhan 是波瑞维尔斯的行政长官,当时那里有许多漂亮的住宅和大商店。诸多记载都证明别鲁瓦拉在15世纪是一个穆斯林贸易交流中心,对当时的社会发展起到了

---

① Carswell J. & Frenando M. Prickett, "Mantai 1980: A Preliminary Investigation," *Ancient Ceylon*, 1984, p. 17.

② 《西洋番国志》,中华书局2000年版。

一定的促进作用。

5. 加勒（Galle）

加勒是斯里兰卡是南海航线在的天然港口之一，在 12 世纪中期已是一个十分重要的港口。斯里兰卡的政治中心转移后，西南部和西南港口在当时的国际贸易中变得十分重要，加勒成为僧伽罗统治者定都的选择地之一。郑和下西洋时，船队从马六甲海峡到达加勒，并在此举行了一次商务交易会。加勒发现的三体郑和碑碑文是由中文、波斯文和泰米尔文写成的，这说明中国人、穆斯林和南印度人经常来往加勒。现在有个名为 Cina-koratuwa（它是 China Square 的音译，直译为"中国方城"）的地方，就是古代中国人在加勒的聚居地，这里出土的中国青花瓷器、瓷片以及瓦片相对于斯里兰卡其他地方发现的中国陶瓷来说较少，但是数量也算可观，这些出土物大部分是 14、15 世纪的。阿拉伯人德吾尼德拉来到加勒，有一位穆斯林船长招待过他。斯里兰卡古诗集中有记载，15 世纪的加勒已经是一个设施非常齐备的贸易中心。道路两旁有各种各样的商店，一派繁荣景象。虽然加勒港口在之前便已存在，但这一切繁荣和发达更多是在斯里兰卡国王 12 世纪迁都至南方后形成的。

6. 瓦里咖玛（Weligama）

瓦里咖玛港是从 12 世纪开始繁荣起来的，那里居住的是多为经商的穆斯林人，他们很富有，讲泰尔语，生活安定。瓦里咖玛在历史记载中第一次出现是在帕拉卡卡玛巴忽一世，Kalyani 的石碑上有记载，当时缅甸国王派到斯里兰卡的船只，只是在瓦里咖玛港靠岸。在 Tisara、Parevi 和 Kokila 中有记载。在 15 世纪，这是个重要繁荣的港口，对贸易往来和经济发展起着重要的作用。

7. 栋德拉（Dondara）

在 13 至 15 世纪，栋德拉是南部的重要港口，在帕拉卡卡玛巴忽二世（Parakramabahu ll，1236—1270 年在位）时，立于栋德拉的石碑上就刻有禁止商人逃税的法令；栋德拉有专门的官员负责管理和征收关税，商人们可以享受不被非法进口损害利益的保护，政府官员不得收受贿赂。郑和第三次下西洋时在斯里兰卡栋德拉立下了石碑，石碑上呈现了许多重要的信息，例如上面记载了当时的中国永乐皇帝派郑和送给栋德拉的 Uppalawanna、Rajamaha、Vihara 寺庙许多布施（金银、丝绸和檀香等物），并谈及当地的繁盛。这些都反映了栋德拉在 15 世纪也是一个繁荣的贸易中心。

8. 古答瓦雅（Godawaya，Gotapabbatha）

古答瓦雅在斯里兰卡古书《大史》中有被记载过，在阿努拉达普拉早期，南部港口不如北部港口发达。斯里兰卡考古学家 Wijayapala W. H[①]，以及外国考古学家等经过考证得出，从当时斯里兰卡东部港口刺可耶驶往罗马需经过古答瓦雅港口，这说明古答瓦雅在2世纪便是一个重要的港口。而在当地出土的两个石碑上的铭刻已足以说明当地港口的繁盛。[②] 铭刻上说当时的斯里兰卡国王规定凡是在当地进行商品贸易，须将得利的一部分上交给当地寺庙。而在当地港口出土的大量罗马钱币更是说明古答瓦雅作为斯里兰卡南部一个国际港口的重要性。另外，在当地曾发现一种遗物凳形长石，以往的学者对之没有明确的认识，而本文则认为这种石制品很可能是当时简易的锚（图3-2s）。

9. 亭可马里（Trincomalee，千里马，苦卡纳）

中国、斯里兰卡及印度文献中都提到苦卡纳，苦卡纳位于斯里兰卡的东北海岸，现为亭可马里。元代中国的记载中"千里马"[③] 是今天的亭可马里。10世纪以后东西方贸易的中心转移到孟加拉湾，斯里兰卡东北海岸从此逐渐热闹起来，而苦卡纳港正好位于东北海岸。当时的统治者将都城从阿努拉达普拉迁于东北部城市波罗纳鲁瓦，以便更容易与苦卡纳来往。同时波隆纳鲁沃和苦卡纳两地的关系改变了孟加拉湾的贸易形势。苦卡纳的繁荣也吸引了侵略者的注意。1017—1110年，朱罗国入侵斯里兰卡，占领了波隆纳鲁沃。另外，在亭可马里发现元代青花瓷，但是目前尚没有人对这些青花进行深入的研究。而在亭可马里还有一个海湾，当地人称之为"China bay"（中国湾）。

10. 乌拉陶特（Uratota）和扎姆不考刺（Jambukolapattana）

乌拉陶特即现在的凯茨（Kayts），纳奈提巫（Nainativu）的泰米尔石碑上有波罗迦罗摩巴忽一世的刻字，上面记载了载满商品的外国船只到达乌拉陶特时，斯里兰卡要保护外国商人的安全，同时还要照顾失事船只的商人。1178年的一块朱罗石碑记载了波罗迦罗摩巴忽一世攻打南印度时，曾在乌拉陶特建造船只，整编军队……如果贾夫纳的统治者们一直与南印度保持着密切的联系，扎姆不考刺港和乌拉陶特会在14、15、16三个世纪中成为连接南印度和贾夫纳的重要港口。

扎姆不考刺港是现在的坎凯桑图来（Kankesanturai），扎姆不考刺港和乌拉陶特都位于斯里兰卡北部贾夫纳半岛上，是波隆纳鲁沃时期较重要的港口。在阿努拉达普拉时期它是始发港，但未见贸易港口的记载，阿努拉

[①] Wijeyapala W. H., Weisshaar H. J., H. Roth: *Ancient Ruhuna*, Vol. I, Germany: 2001.
[②] Paranavithana S.: *Inscriptions of Ceylon*, Vol. I, Colombo: 1970, p. xxxiv.
[③] ［元］汪大渊：《岛夷志略》，苏继庼校注，中华书局2000年版。

达普拉到扎姆不考刺港有一条直达的线路，这足以说明扎姆不考刺港的重要性。

二、佛教的传播及保存中心

从公元前3世纪后，在斯里兰卡同外国的交往中佛教是一个非常重要的因素。尤其是在过去的两千多年里，斯里兰卡在印度半岛的南端扮演了一个佛教保存地的角色,① 因为后来佛教在其发源地——印度退化了。② 在中国海上航线上，无论是往西还是往东，斯里兰卡都是一个主要的佛教活动点。4世纪的中国僧人法显是斯中两国的佛教文化交流③的第一个著名人物。他在斯里兰卡生活了两年多，钻研以及抄录了许多佛教经典，然后将其带回中国。④ 我们有材料证明，在5世纪斯里兰卡雕塑家南特（Nante)⑤ 作为斯里兰卡派遣到中国的使者，到了中国并在中国教授雕刻技术之后，中国的佛教造像艺术开始流行。而在5世纪，斯里兰卡也第一次将尼姑这类佛教徒带入中国。⑥ 在来到斯里兰卡的佛教徒中最有名的是 Mahinda 和 Sanghamitta，他们是印度阿育王的儿子和女儿。他们之所以出名是因为他们在印度南方建立了智慧树（Tree - of - Wisdom，意为佛教）的分支。而后在印度 Nagarjunakonda 发现了2世纪的狮子国（斯里兰卡）式寺庙，在 Bodh Gaya 发现4世纪的、在 Ratubaka 发现8世纪的同类建筑遗存⑦。据载，早在公元前3世纪就有来自斯里兰卡的佛教徒在印度 Buddha Gaya 建立了简单的佛教建筑。最后需要补充的是，Amaravathi 的寺庙受到一个来自斯里兰卡 Gadaladeni 寺庙的僧伽罗（Simhala）僧人的影响。

Sena Lamkadhikara 作为一个斯里兰卡公使，捐助钱和劳动力给印度中部的坎池（Kanchi, Kanchipura in central india）建了一个佛教圣坛。⑧

11世纪，缅甸中部的异教徒同斯里兰卡建立了联系。而有资料显示，

---

① 斯里兰卡的佛教是由 Thero Mahinda（印度僧侣）在斯里兰卡 Devanampiyatissa 王统治时期（250 B. C. –210 B. C.）传入的。而 Thero Mahinda 当时的身份是印度孔雀王朝阿育王国王的外交公使。这是斯里兰卡和印度之间交往的重大历史事件，自此之后两国的宗教往来不断发展。

② Bandaranayake S.: introductory note of *Sri Lanka and Silk Road of the Sea*, 1990, p. 09.

③ 何方耀：《晋唐时期南海求法高僧群体研究》，宗教文化出版社2008年版，第183页。

④ [东晋]法显：《法显传》，章巽校注，上海古籍出版社1985年版，第146–167页。

⑤ Weerasinhgha S. G. M.: *A History of the Cultural Relations Between Sri Lanka and China: An Aspect of the Silk Route*, 1995, p. 25.

⑥ Ibid.

⑦ Ellawala H.: *Social History of Ancient Sri Lanka*（Sin. trans.），Colombo: 2002.

⑧ *History of Ceylon*, by University of Ceylon, 1971, Vol. I Part II, p. 714.

泰国同斯里兰卡在 8 世纪就建立了联系（在 14 世纪时它们之间的交往中断）。克什米尔（Kashmir）国王退位后到 Kapararama Mula 的 Abhayagiri 寺出了家，在他的著述中描绘了当时在阿努拉德普勒的佛教徒，并指出他们当时在斯里兰卡所处的角色。

海路是东西方贸易来往的主要通道，但是它不仅限于贸易来往，其他的文化交流，如政治和宗教的，也同样利用海上交通进行交流。中国僧人法显最初便是通过陆上通路到南印度（Tamraliptha = Tamluk）的，[①] 但是他在从印度到斯里兰卡以及两年后回国都是走的海路（当时他乘了一艘装载着 200 人的船只）。[②] 我们从法显的航行路线可以考察当时的海上航行水平。在东西方贸易发展的背后，佛教是一个非常重要的因素。当然如果没有发达的贸易，那么东西方陆上和海上交通的发展也不会有那么多机会。[③]

我们有大量的文献材料表明，当时无论由东至西，还是由西至东，都有许多佛教传教者乘船往来。[④]法显所乘的大商船显然并非中国所造[⑤]。这些材料对我们证明当时南亚地区的海船技术和发展情况很重要。而继法显之后，大多数佛教徒是乘船走海路去到中国的。早在 2 世纪，中国也传入了斯里兰卡佛教的建筑学和艺术；中国塔在中国古代山水画中有其独特的功能，其灵感来源之一便是从印度佛教中吸收的，这表现在祖先的舍利塔或塔中的佛教文化遗存里，在斯里兰卡大底咖玛 Dagoba（Dedigama Dagoba，图 4-45 a、b、c）就是一个很好的例子。中国塔很可能是佛教中古老的塔（Sath. Mahal Prasadaya），波罗纳鲁瓦"七层的内置"的佛塔（图 5-2）被视为特定类型。[⑥] 最简单的早期中国宝塔也已经有更高的版本（图 5-3），如西安大雁塔（the Great Pagoda of the Wild Geese），其是玄奘法师在 652 年返回西安后建造的。

---

① [东晋] 法显：《法显传》，章巽校注，上海古籍出版社 1985 年版，第 148 页。
② [东晋] 法显：《法显传》，章巽校注，上海古籍出版社 1985 年版，第 167 页。
③ （i）Wimalabuddhi：1960 年版，第 26 页；（ii）Conrad Schirokauer：1991 年版，第 58-60 页。
④ Singh Aniruddh：1997 年版，第 551 页。
⑤ [东晋] 法显：《法显传》，章巽校注，上海古籍出版社 1985 年版，第 148、167 页。
⑥ Needham Joseph, *Science and Civilization in China*, Vol. IV Part III, Cambridge: Cambridge University Press, 1971, p. 138.

图5-2 波罗纳鲁瓦"七层的内置"佛塔①(斯里兰卡)

图5-3 西安大雁塔②

---

① Needham Joseph: *Science and Civilization in China*, Vol. IV Part III, Cambridge: Cambridge University Press, 1971, p.138.
② Ibid, plate: ccxxix.

后　记

　　之所以选择《斯里兰卡与古代中国的文化交流》（原题为《斯里兰卡与中国古代文化交流的考古学研究——以陶瓷器研究为中心》，编辑改为现名）作为题目，是由于笔者对中国古代历史和中国的传统文化很感兴趣，也愿意为斯中友好往来、文化交流、经济发展和考古研究尽一点微薄之力。本书主要从陶瓷、钱币、铭刻、丝绸等四个方面对斯中古代文化交往进行探讨，而其中陶瓷一节是本书重点。该节内容结合传统考古方法和现代科技方法对所见材料进行了分析，得出自己的结论和分析结果。

　　在斯里兰卡与中国历史关系的研究中，已发现一些重大价值的文献和考古资料。没有出土实物证据证明斯中关系的历史时期，并不意味着那个时期两国之间没有实际的交流，那仅仅可能是因为交流是短期的，文献来不及记载而已。历史文献证明，公元前2世纪两国已有了互惠的交换项目。中斯关系先是从文化交流，然后发展成贸易关系，值得注意的是，所有这些关系都是以政治能力和目标为基础的。

　　6世纪后，中国器物如陶瓷、钱币等输入斯里兰卡。本书就这方面提出若干可能的结论和结果：斯里兰卡的地理位置、突出的文化特色是影响斯中历史关系的主要因素。除此之外，古代中国政治、文化、科技等直接影响了两国之间的联系。这个关系谱写了世界历史的重要篇章。古斯里兰卡陶瓷工业是本书最重要的课题之一。虽然在斯里兰卡尚未发现有关古代陶瓷生产的证据，但是已证明古陶瓷和釉陶瓷技术是当地陶瓷业发展的最高水平，并且间接影响到进入本国的进口陶瓷。

　　通过介绍中国与斯里兰卡关系的史料，研究两国的考古成果和状况，可以进一步加深两国在政治、经济和文化方面的交流。本书应用了中国与南亚、斯里兰卡和印度的佛教专家学者的论著，以及外国专家的一些论著，在研究方法上采用了传统的考古方法和科技考古方法，经过统计、讨论分析图表等，确定在斯里兰卡发现的中国陶瓷的产地和年代。在斯里兰卡发现的中国陶瓷器考古材料无从记载，所以本书立足于中国文化和斯里兰卡的考古研究，笔者的几点观察和结果超越了传统研究方法的框架。在斯里兰卡发现的中国浙江省上林湖越窑青瓷（SL26），并对其进行了分析研究，从而发现宋代青瓷大部分是上林湖越窑，工艺精制，色彩华丽，是贸易商品。笔者从元素组成上对SL26和SLH1、SLH2、SLH25等进行比较后，得出SL26是中国上林湖越窑所产的结论。斯里兰卡西南部发现的青花瓷与少量元代的瓷器，与郑和下西洋事件有关。这些分析表明斯里兰卡与中国发生了文化、经济，特别贸易上的往来。

另外，本书第四章第一节中一批青瓷器和青花瓷器的分析和实验结果已发表在《考古与文物》[①]与《岩矿测试》[②]上。

古代中国与斯里兰卡的关系，按照各时代的历史记载，两国的交往从政治、经济、文化方面逐步加深，两国佛教交流也一次次得到推动。郑和七次下西洋等，使得两国的贸易也越来越频繁，由此说明在东西方贸易中斯里兰卡占有十分重要的地位，也是连接世界各个文明发源地的重要枢纽，是海上丝绸之路的一个重要港口。但正是斯里兰卡作为贸易港口或者贸易中转站这一特殊角色，我们可以进一步认识到当中国同斯里兰卡发生文化交流时，中国也在同西方进行文化交往。因为当我们在斯里兰卡发现古代中国遗物时，它们的贸易终点有时候并非斯里兰卡，而可能是更西的阿拉伯、罗马等地区。

曼泰遗址位于斯里兰卡的西北角，曼泰遗址除了发掘出土硬币、铁制品和骨制品外，最引人关注的是出土了中东各国和中国等各时期的大量陶瓷片。我们从考古学方面研究斯里兰卡与古代中国的文化交流，出土陶瓷器是研究重点，其中样品SL1、SL2、SL3、SL7为中国南方的青瓷，根据稀土元素的对比分析，得知SL2、SL3、SL7等来自越窑，初步推断样品SL6为中国南方的黑陶，以上这些都采用了科技考古学的方法，对样品进行吸水率、硬度和烧成温度的测定分析、对釉的成分对比分析，通过中国陶瓷和伊斯兰陶瓷胎的成分差异，鉴定了斯里兰卡出土中国陶瓷的产地，验证了文献中提到的中西文化交流，用稀土元素判断样品的生产窑口，结论与文献基本一致，可以为今后进一步研究中国古陶瓷与斯里兰卡的关系给予很大的帮助。

---

① 贾兴和（Priyantha Jayasingha）等：《斯里兰卡曼泰遗址出土陶瓷产地的初步分析》，载《考古与文物》2006 第 3 期，第 76-81 页。

② 张茂林、贾兴和（Priyantha Jayasingha）等：《斯里兰卡曼泰遗址出土青花瓷的化学成分分析及产地初探》，载《岩矿测试》（ROCK AND MINERAL ANALYSIS）2008 年 2 月 Vol. 27, No. 1, 第 37-40 页。

《中国的科学和文明》①（即《中国科学技术史》）曾提及在斯里兰卡所发现的一种青花瓷是斯里兰卡本地模仿中国风格所产，我们可以证明他这一论断是错误的。这种瓷器虽然在形制上有着强烈的中国风格，但是它的原产地并非中国。在另一本书②中已经令人信服地证明这种瓷器是当时伊斯兰人模仿中国陶瓷的风格生产而遗留在斯里兰卡的。从这一点我们可以看出当时斯里兰卡、中国以及伊斯兰国家事实上在一个较大的文化交流圈之中。

笔者在从事考古研究中深刻体会到，考古研究是一个需要几代人共同努力的事业。由于笔者对中国古代文献和中国历史的理解的局限性，考古学证据还不能全面反映古代中国与斯里兰卡文化、政治、经济关系的全貌。史料中的记录有的还无法得到证实。无论是海上丝绸之路，还是曼泰遗址，都可以发现在古代斯里兰卡岛上，有很多不同时期、不同产地的陶瓷得到考证；但也有一些物品不易留下证据，如考古学材料中的香料（丁香、胡椒、肉桂、豆蔻）和其他植物药材、医药产品，木材和纺织品（如丝巾、地毯等）。参考材料的缺乏也给我们的研究带来很多困难。尤其是关于斯中两国的文化交流的考古学研究很少。有关文献和史料都很少，史料是编写历史的原料，如果没有历史记载，我们也就无法了解过去人民的生活状态和水平，更无从考证当时的物品，更无法确定其年代、产地、工艺水平等。

由于掌握的资料有限，在这里得出的只是一个初步的结论，希望得到考古专家和学者的进一步探讨和指教，并衷心感谢一直以来给予笔者无私帮助的导师和学者。笔者希望能在今后的考古研究中继续为斯中两国的交流和发展做出绵薄贡献。

---

① Needham Joseph, *Science and Civilization in China*, Cambridge University Press, Cambridge: 2004, pp. 728 – 730.
② *Cultural Relics Studies and Modern Science and Technology*.

参考文献

一、中国古籍资料

[1] 法显. 法显传 [M]. 章巽校注. 上海：上海古籍出版社，1985.
[2] 范晔. 后汉书 [M]. 北京：中华书局，1965.
[3] 刘昫. 旧唐书 [M]. 北京：中华书局，1975.
[4] 李肇. 唐国史补 [M]. 上海：古典文学出版社，1957.
[5] 欧阳修，宋祁. 新唐书 [M]. 北京：中华书局，1975.
[6] 赞宁. 宋高僧传 [M]. 北京：中华书局，1987.
[7] 王钦若，等，编. 册府元龟 [M]. 北京：中华书局，1960.
[8] 脱脱，等. 辽史 [M]. 上海：中华书局，1938.
[9] 汪大渊. 岛夷志略 [M]. 苏继庼校注. 北京：中华书局，2000.
[10] 宋濂，等. 元史 [M]. 北京：中华书局，1976.
[11] 马欢. 瀛涯胜览 [M]. 冯承钧校注. 北京：中华书局，1995.
[12] 冯承钧. 诸蕃志校注 [M]. 上海：商务印书馆，1940.

二、当代中文论著和论文

（一）论著

[1] 陈瑞德，刘如仲，等. 海上丝绸之路的友好使者（西洋篇）[M]. 北京：海洋出版社，1991.
[2] 陈峰君. 东亚与印度：亚洲两种现代化模式 [M]. 北京：经济科学出版社，2000.
[3] 中华文化通志编委会. 中国与南亚文化交流志（第10典）[M]. 上海：上海人民出版社，1998.
[4] 陈道公，等. 地球化学 [M]. 北京：中国科学技术大学出版社，1994年.
[5] 陈振裕. 外销瓷的几个相关问题 [A]//中国古代陶瓷的外销——一九八七年福建晋江年会论文集 [C]. 北京：紫禁城出版社，1987.
[6] 顾风. 略论扬州出土的波斯陶及其发现的意义 [A]//中国古代陶瓷的外销——一九八七年福建晋江年会论文集 [C]. 北京：紫禁城出版

社，1987.
- [7] 何方耀．晋唐时期南海求法高僧群体研究［M］．北京：宗教文化出版社，2008.
- [8] 禚振西．耀州窑外销陶瓷初析［A］//中国古代陶瓷的外销———九八七年福建晋江年会论文集［C］．北京：紫禁城出版社，1987.
- [9] 李家治，陈显求，张福康，等．中国古代陶瓷科学技术成就［M］．上海：上海科学技术出版社，1985.
- [10] 凌屯声．中国远古与太平印度两洋的帆筏戈船方舟和楼船的研究［M］．台北：中央研究院民族学研究所，1970.
- [11] 刘兴武．斯里兰卡［M］．上海：上海辞书出版社，1984.
- [12] 慈溪市博物馆．上林湖越窑［M］．北京：科学出版社，2002.
- [13] 罗宏杰．中国古陶瓷与多元统计分析［M］．北京：中国轻工业出版社，1997.
- [14] 芮传明．丝绸之路研究入门［M］．上海：复旦大学出版社，2009.
- [15] 王子今．秦汉交通史稿［M］．北京：中共中央党校出版社，1994.
- [16] 朱杰勤．中外关系史论文集［M］．郑州：河南人民出版社，1984.
- [17] 周仁，张福康，郑永圃．历代龙泉青瓷烧制工艺的科学总结［A］//周仁等．中国古陶瓷研究论文集［C］．北京：轻工业出版社，1983.
- [18] 广东省文物管理委员会，广东省博物馆，广东物考古研究所广州文物管理委员会．南海丝绸之路文物图集［M］．广州：广东科技出版社，1991.
- [19] 西北轻工业学院，等．陶瓷工艺学［M］．北京：轻工业出版社，1991.
- [20] 中国硅酸盐学会．中国陶瓷史［M］．北京：文物出版社，1997.
- [21] 熊寥，熊微．中国历代陶瓷款识大典［M］．上海：上海文化出版社，2000..
- [22] ［日］三杉降敏．探索海上丝绸之路上的中国陶瓷器［M］//中国古陶瓷研究会，中国古外销陶瓷研究会．中国古外销陶瓷研究资料．第三辑．［出版者不详］1983（六）．
- [23] ［日］三上次男．陶瓷之路［M］．北京：文物出版社，1984.

（二）论文

- [1] 陈铁梅，Rapp G J R，荆志淳，何驽．中子活化分析对商时期原始瓷产地的研究［J］．考古，1997（7）．
- [2] 程琳，冯松林，樊昌生，等．江西湖田窑明代青花瓷的PIXE研究

[J]. 原子能科学技术, 增刊. 2004 (38).

[3] 古丽冰, 邵宏翔, 刘伟. 电感耦合等离子体发射光谱分析商代原始瓷样 [J]. 岩矿测试, 1999 (3).

[4] 杨益民, 冯敏, 朱剑, 等. 宣德官窑青花瓷的面扫描分析 [J]. 光谱学与光谱分析. 2004 (8).

[5] 张茂林, 贾兴和. 斯里兰卡曼泰遗址出土青花瓷的化学成分分析及产地初探 [J]. 岩矿测试, 2008 (1).

[6] 贾兴和, 等. 斯里兰卡曼泰遗址出土陶瓷产地的初步分析 [J]. 考古与文物, 2006 (3).

[7] 朱延沣. 古狮子国释名 [J]. 史学年报, 1934, 2 (1).

[8] 彭子成, 梁宝鎏, 余均岳, 等. 微探针型能量色散X荧光光谱技术测定香港古瓷的化学组成及其意义 [J]. 文物保护与考古科学, 2007, (1).

[9] 叶宏明, 叶国珍, 叶培华, 等. 宋代龙泉青瓷工艺恢复研究 [J]. 天津大学学报, 1999 (1).

[10] [日] 三上次男. 从陶瓷贸易史上看东南亚出土的伊斯兰陶器 [J]. 白水, 1984 (10).

三、斯里兰卡或外国古籍

[1] Ahelepola Hatana. edi. N. J. Cooray：Colombo：1923.

[2] Buthsarana. Madowita Nanananda (edi.)：Colombo：1929.

[3] Christian Topography. (1897)：Cosmas Indicopleustes (Introduction) This text was transcribed by Roger Pearse, Ipswich, UK：2003.

[4] Damsarana. edi. kotmale Dhammananda：1929.

[5] Dambadeni Report. D. Asna edi. D. D Ranasingha； (very small text as 9 printed pagers), 1917.

[6] Deepavamsa. 2nd Edition. Kirielle Gnanawimala (ed.), 1970.

[7] Janakiharana. C Godakumbure (edi.)：Colombo：1969.

[8] Jathaka – Atuwa – Gatapadaya. Sir. D. B. Jayathilake 1943.

[9] Kunstantinu Hatana. edi. M. E Frenando：1933.

[10] Mahavamsaya. D. H. S Aberathna (edi.)：Colombo：1922.

[11] Natural History (Naturalis Historia). C. Plini. Secundi：chap. 24.

[12] Padyakunchamani. Madras：1921.

[13] Pujavaliya. Amarmoli；(edi.) 1953.

[14] Rajawaliya. edi. A. V. Suraweera：Lake House, Colombo：1976.

[15] Sahssvatthu – p – pakarna. Polwatte Buddhadatta Thera (edi.), Colombo: 1959.

[16] Sammohavinodani. A. P. buddhadatta (edi.)

[17] Sarartha sangrahaya. (edi.) A. Kumarasingha; 1987.

[18] Vamstthappakasiniya. (edi.) G. P. Malalasekara: London: 1935.

A

[19] Allan J. W. Islamic Ceramics. Oxford: University of Oxford: 1991.

B

[20] Bandaranayake S. Introductory Note. Sri Lanka and the Silk road of the Sea. Central Cultural Fund Colombo Sri Lanka: 1990.

[21] Bastiampillai B. E. S. J. Ancient Ceylon "China – Sri Lanka: Trade and Diplomatic Relations Including the Voyages of Cheng – Ho" Colombo Sri Lanka: 1990.

[22] Boake W. J. S. Journal of the Royal Asiatic Society. (Ceylon Branch), TirukketisvaramMahatirtha, Matoddam or Mantoddai," X, Ceylon, 1887.

[23] Bopearachchi O. Journal of Interdisciplinary Studiesin History and Archaeology "New Archaeological Evidence on Cultural and Commercial Relationships between Ancient Sri Lanka and Tamil Nadu" Vol. 1, No. 1: India (Summer 2004).

[24] Bopearachchi O. and Wijayapala, W. H. Sea Ports, Inland Emporia and Maritime Communities in Ancient Sri Lanka. 1994: (UN published report).

[25] Bopearachchi O. Catalogue of Indo – Greek, Indo – Scythian and Indo – Parthian Coins of the Smithsonian Institution. Washington D. C. : 1993.

[26] Bozan Jian, Xunzheng, ShaoHua. Hu. A Concise History of China. Beijing: 1981.

C

[27] Cady John F. South – East Asia; Its Historical Development. McGraw – Hill, New York: 1976.

[28] Carswell John. Ancient Ceylon: The Excavation of Mantai. 7 (1), Archaeological Survey Department Colombo Sri Lanka: 1990.

[29] Carswell John. The International Conference on Ancient Chinese Pottery and Porcelain; abstract "China Sri Lanka and Islam: The Export of Chinese Wares to the Western World" 1985.

[30] Carswell John, Pricket Frenando. M. Ancient Ceylon – 5: Mantai 1980; A Preliminary Investigation. Archaeological Survey Department Colombo Sri Lanka: 1984.

[31] Clarke Basil. (edi.), Foreword by Needham Joseph Chinese Science and the West. Great Britain Nile & Mackenzie LTD; London: 1980.

[32] Codrington H. W. Ceylon Coin and Currency. Series No. 3: Colombo National Museum, Sri Lanka: 1924.

[33] Constable O. R. Trade & Traders in Muslim Spain. Cambridge: Cambridge University Press: 1994.

[34] Crindle M. C. Ancient India as Descried in Classical Literature. 1901.

[35] Cressey G. B. Land of the 500 Million: (sin. trans): Education Publication Department. Sri Lanka: 1972.

D

[36] Dearaniyagala S. U. Pre – and Proto Historic Settlement in Sri Lanka. 1996.

[37] (Wijayapala. W. H. in id. ip. The Final Analyses and the Site Report Pend.), Colombo: 1992.

[38] Deraniyagala S. U. The Prehistory of Sri Lanka An Ecological Perspective: Department of Archaeological Survey. Government of Sri Lanka: 1992.

[39] Dearniyagala S. U. A Classificatory System for Ceramics in Sri Lanka. Ancient Ceylon No. 05 Journal of the Archaeological Survey Department, Colombo – 7 Sri Lanka, 1984.

[40] Devendra S. Sri Lanka and the Silk Road of the Sea: Premodern Ships and Watercraft of Sri Lanka. Central Cultural fund Colombo Sri Lanka: 1990.

E

[41] Ekholm & Friedman. Concretizing the Continuity Argument in Global Systems Analysis. 1993.

[42] Ellawala H. Social History of Ancient Sri Lanka. Sin . trans. Colombo; Sri Lanka: 2002.

F

[43] Fernando Marcus. Yapahuwa. Printed at the Department of Government Printing Ceylon: 1969.

[44] Frenando M. Prickett. Sri Lanka and Silk Road of the Sea: "Mantai – Mahatittha; The Great Port and Entrepot in the Indian Ocean Trade". Sri Lanka: 1990.

[45] Frenando M. Preckett. Sri Lanka and Silk Road of the Sea: "Durable Goods: The Archeological Evidence of Sri Lanka's Role in the Indian Ocean Trade". Sri Lanka 1990.

G

[46] Gunawardana R. A. L. H, Yumio S. Sri Lankan Ships in China: Journal of Humanities University of Peradeniya Sri Lanka. 1983.

[47] Gunarathna R. Sino – Sri Lankan Connections 2000 Years' Cultural Relations. Colombo: 1986.

[48] Gunathilake Don Salamon. Yapahuwa. 1963 Archaeological Authority, Colombo.

[49] Sri Lanka

H

[50] Hirth and Rock Hill. Chou – ju – kua, His Work on the Chinese and Arab Trade in the Twelfth and Thirteenth Centuries". 1911.

[51] Hornnell J. The Origin and Ethnological Significance of Indian Boat Designs: Memories of the Asiatic Society of Bengal. 1923.

[52] Hokart A. M. Annual Report on the Archaeological Survey of Ceylon. 1925 – 1926.

I

[53] Indrapala K. Sri Lanka and the Silk Road of the Sea: "South Indian Mercantile Communities in Ceylon, Circa 950—1250. Central Cultural Fund Colombo Sri Lanka: 1990.

J

[54] Jayasingha P. (贾兴和). Antiquity: Tang Dynasty Pottery in Sri Lanka United Kingdom. Vol 80 No. 309 September: (Project Gallery), 2006.

[55] Jiazhi Li, Zhu Bian. The History of Science and Technology of China [Ceramic], Beijing: 1998.

L

[56] Lapuente P. and J. Pérez – Arantegui. Journal of the European Ceramic Society, "Characterisation and Technology from Studies of Clay Bodies of Local Islamic Production in Zaragoza (Spain)". 1999.

M

[57] McPherson Kenneth. Traditional Indian Ocean Shipping Technology: Central Cultural Fund Colombo Sri Lanka 1990.

[58] Molera Judit, Mario Vendrell – Saz, Josefina Pérez – Arantegui. Journal of Archaeological Science, "Chemical and Textural Characterization of Tin Glazes in Islamic Ceramics from Eastern Spain": 2001.

N

[59] Nagel Eva. The Chinese Inscription on the Trilingual Slab Stone from Galle: Ancient Ruhuna Project Report. Germany: 2001.

[60] Needham Joseph. Science and Civilization in China. Cambridge: Cambridge University Press: 2004.

[61] Needham Joseph. Chinese Science and the West. Great Britain Nile & Mackenzie LTD: 1980.

[62] Needham Joseph. Science and Civilization in China. Vol. IV; Part III. Cambridge: Cambridge University Press, 1971.

[63] Needham Joseph. Science and Civilization in China. Vol. I. Cambridge: Cambridge University Press, 1954.

[64] Nicholas C. W. Historical Topography of Ancient and Medieval Ceylon. Sri Lanka: 1963.

[65] Nicholas C. W. Sri Lanka and Silk Road of the Sea, "Sinhalese Naval Power": 1990.

P

[66] Pachow W. University of Ceylon Review, "Ancient Cultural Relations Between Ceylon and China. Sri Lanka: 1954.

[67] Paranavithana S. Inscriptions of Ceylon, Vol. I. xxxiv: Containing Cave Inscriptions from 3rd Century B. C. to 1st Century A. D. and Other Inscriptions in the Early Brahmi Script (Colombo) . 1970.

[68] Paranavithana S. Epigraphia Zeylanica. No. 3 1928 – 1933; No. 36: 1933.

[69] Paranavithana S. Sigiri Graffti. No. 233: Sri Lanka.

[70] Paranavithana S. Epigraphia Zeylanica. Vol. V, Sri Lanka.

[71] Paranavithana S. Epigraphia Zeylanica. Vol. 111.

[72] Pathmanathan S. The Sri Lanka Journal of the Humanities: The V ± DaikkËrar in Medieval South India and Sri Lanka: 1976.

[73] Pathmanathan S. The Sri Lanka Journal of the Humanities: The Nagaram of the NËnËdesis in Sri Lanka, Circa AD 1000 – 1300. 1984.

[74] Pathmanathan S. In K. M. de Silva, S. Kiribamune and C. R. de Silva (edi), Asian Panorama: Essaysin Asian History, Past and Present: "The

Bronze Seal of the Nanadesis from Hambantota (Sri Lanka)". 1990.

[75] Pathmanathan S. The Sri Lanka Journal of the Humanities: "The Tamil Slab Inscription of the Virakkoti at Budumuttava, Nikaweratiya Urbanization at MËgala" (1994): 1994.

[76] Petech L. The Ceylon Historical Journal. Some Chinese Text Concerning Ceylon. Sri Lanka 1954.

[77] Perera E. W. Spolia Zeylanica. The Galle Trilingual Stone. Sri Lanka: 1913.

[78] Prasad P. C. Foreign Trade and Commerce in Ancient India. India: 1977.

[79] Premathilake P. L. Sri Lanka and Silk Road of the Sea: Chinese Ceramics Discovered in Sri Lanka; Central Cultural Fund Colombo Sri Lanka: 1990.

R

[80] Rathnayake H. The Jetavana Treasure. Central Cultural Fund Colombo Sri Lanka: 1990.

[81] Renfrew C., Bahn. P. Archaeology: Theories Methods and Practice. London: 1996.

S

[82] Sanmuganathan S. Report on the Archaeological Survey of Ceylon. 1950.

[83] Singh Aniruddh. 1997.

[84] Schirokauer C. A Brief History of Chinese Civilization. United States of Amarica: 1991.

[85] Senevirathna John. Journal of Royal Asiatic Socity Ceylon Branch. JRAS [CB]. Chino – Sinhalese Relations in the Early and Middle Ages: 1915 – 1916.

[86] Senevirathne S. 1989.

[87] Sharer R. J. and Ashmore W. Archaeology; Discovering our Past. London: 1987.

[88] Silva R. Ancient Ceylon: Mantai – the Great Emporium of Cosmos Indicopleustes. Sri Lanka: No. 14. 1990.

[89] Siriweera I. Sri Lanka and Silk Road of the Sea, "Pre – Colonial Sri Lanka's Maritime Commerce with Special Reference to Its Ports". Sri Lanka: 1990.

[90] Still John. Archaeological Survey of Ceylon. Annual Report: 1907, in Ceylon Sessional Papers, 1911, Survey of the Northern Province.

[91] Sylvain Lev M. I. Journal Royal Asiatic Socity Ceylon Branch. JRAS [CB]. Chinese References to Ceylon 1915 – 1916: Vol. XXIV.

T

[92] Tampoe Moira. Tracing the Silk Road of the Sea: Ceramics and Other Evidence from the Partner Ports of the Western Indian Ocean. 8th – 10th AD: Central Cultural Fund Colombo Sri Lanka 1990.

[93] Tennent J. E. Ceylon [1859], Ceylon: An Account of the Island. New Delhi: Asian Educational Services, 1999.

[94] Thierry F. Origin Evolution and Circulation of Foreign Coins in the Indian Ocean. edi. O. Bopearachi and D. P. M Weerakkodi: 1998.

[95] Tinker. Hugh. South Asia; A Short History. University of Hawaii Press: 1990.

V

[96] Vandiver Pamela. Paleolithic Ceramics and the Development of Pottery in East Asia 26,000 to 10,000. B. P: Smithsonian Center for Materials Research and Education, U. S. A: 1990.

W

[97] Wallerstein. Concept of World Systems. New York: Academic Press: 1976.

[98] Wang Gulu. Zhenghe Xizheng Kao; the Voyages of Zheng He: Tran's Wenzhi jikan 4. No. 3 – 4.

[99] Werake M. The Sri Lanka Journal of the Humanities, A New Date for the Beginning of Sino – Sri Lankan Relations. Colombo Sri Lanka 1978, Vol. IV, No. 1 – 2.

[100] Werake M. Sri Lanka and Silk Road of the Sea Sino – Sri Lanka Retaliations During the Pre – Colonial times. Colombo Sri Lanka 1990.

[101] Werake M. A Re – examination of Chinese Relations with Sri Lanka during the 15th Century AD. Colombo Sri Lanka: 1978.

[102] Weerasingha S. G. M. A History of the Cultural Relations between Sri Lanka and China – An Aspect of the Silk Route. Central Cultural Fund Colombo Sri Lanka: 1995.

[103] Wijeyapala W. H., Weisshar H. J, Roth, H. (edi.), Ancient Ruhuna Sri Lankan – German Archaeological Project in the Southern Province. Vol. I. KAVA Institute, Bonn. 2001.

[104] Willetts W. Ceylon and China: The Archaeological Society of South India. Silver Jubilee Volume: Madras: 1962.

[105] Wimalabhuddi B. A Record of Buddhist Kingdoms or The Travels of Fa-Hsian: Sinhala Translation with Critical Notes. Colombo Sri Lanka: 1960.

[106] Winzer C. P. Annual Report on the Archaeological Survey of Ceylon, 1927-1928: Ceylon Administration Reports IV (J). Colombo Sri Lanka: 1928.

Y

[107] Yamamoto. Zheng He's Expeditions to the South Sea under the Ming Dynasty. trans. Toyo. Gakuho: 1934.

四、斯里兰卡和中国现在文献

[1] Ancient Ceylon. Vol. 5: Archaeological Survey Department Colombo-7 Sri Lanka: 1984.

[2] Archaeological Survey Annual Report [ASCAR]. Archaeological Survey Department. Colombo: Sri Lanka: 1911-1912.

[3] Artifacts of Ancient Chinese Science and Technology. Ceramics: National Museum of Chinese History. Beijing: 1998.

[4] Cultural Relics Studies and Modern Science and Technology.

[5] Journal of Royal Asiatic Society. Ceylon Branch: No. 22: Colombo: 1910-1912.

[6] Artefacts of Ancient Chinese Science and Technology: National Museum of Chinese History. Beijing: 1998.

[7] The History of Ceylon, by University of Ceylon. University of Viddyalankara: Kelaniya Sri Lanka: Vol. I Part I: 1964.

[8] The History of Ceylon, by University of Ceylon. Vol. 1 Part II, University of Viddyalankara, Kelaniya Sri Lanka: 1971.

[9] Yapahuwa. (Exploration Report): Archaeological Survey Department Colombo-7. Sri Lanka: 2001.

五、毕业论文

[1] 索比德. 中国古代与斯里兰卡关系 [D]. 合肥：安徽大学：2004.

[2] 索比德. 古代中国与斯里兰卡的文化交流研究 [D]. 济南：山东大学：2010.

附 录

表一 宋代贸易用瓷[①]

古代国名	作用	陶瓷分类
占 城	番商兴贩用	瓷器——等博易
真 腊	顺番商兴贩用	瓷器——之属博易
三 佛 齐	番商兴贩用	瓷器——等物博易
单 马 令	番商用	瓷器——博易
凌 牙 斯 加	番商兴贩用	瓷器——等为货
佛 罗 安	番以	瓷器——博易
兰 无 里	番商转易用	瓷器——等为货
细 兰（今斯里兰卡）	番商转易用	瓷器——等为货
阇 婆	番商兴贩用	青白瓷器——交易
南 庇	用	瓷器——为货
层 拔	以	瓷器——为货
西 龙 宫	商人以	白瓷器——货金易之
渤 泥	番商兴贩用	青瓷器——等博易
三 屿	博易用	瓷器——为货

---

① 根据冯承钧：《诸蕃志校注》，商务印书馆1940年版整理。

表二　元代贸易用瓷①

古代国名	作用	陶瓷分类
琉球（今日本的一个岛）	贸易之货用	粗碗处州磁器之属
三岛（今日本的一个岛）	贸易之货用	青白花碗
无枝拔	贸易之货用	青白，处州瓷器花碗瓦坛
占城（今印度的champa）	…货用	青瓷花碗
丹马令（今泰国的）	贸易之货用	青白花碗
日　里	贸易之货用	青瓷器——粗碗
麻里噜	贸易之货用	瓷器盘处州磁水坛大甕
遐来勿	贸易之货用	青瓷粗碗之属
彭　坑	贸易之货用	瓷器
吉兰丹	贸易之货用	青盘花碗
丁家卢	…货用	青白花瓷器
戎	贸易之货用	青白花碗瓷壶瓶
罗　卫	贸易之货用	白碗
罗　斛	贸用青器	
东冲各剌	贸易之货用	青白花碗大小水埕
苏洛鬲	贸易之货用	白花器
淡邈	货用	青瓷器
尖　山	贸易之货用	青碗大小埕甕
八节那间	贸易之货用青器	埕甕
啸　喷	货用	瓦甕——粗碗之属
爪　哇	货用	青白花碗
文　诞	货用	青瓷器之属
苏　禄	贸易之货用	处器
龙牙犀角	贸易之货用	青白花之属
旧　港	贸易之货用	处甕——大小水埕甕之属
班　卒	贸易之货用	瓷器
蒲　奔	贸易之货用	青瓷器粗碗——小埕甕之属

---

① ［元］汪大渊：《岛夷志略》，苏继庼校注，中华书局2000年版。

续表

古代国名	作用	陶瓷分类
文老古	贸易之货用	青瓷器埕之属
龙牙门	贸易之货用	青瓷器
灵 山	贸易之货用	粗碗
花 面	货用粗碗	青处器之碗
淡 洋	货用	粗碗之碗
勾栏山	贸易之货用	青器之属
班达里	贸易之货用	青白瓷
曼陀郎	贸易之货用	青器
喃唑哩	贸易之货用	青白花瓷之属
加里那	贸易之货用	青白花瓷
千里马（今斯里兰卡的亭可马里 Trincomalee）	贸易之货用	粗瓷
小呗喃	贸易之货用	青白花器
天 堂	贸易之货用	青白花器
天 竺	贸易之货用	青白花器
甘埋里	贸易之货用	青白花器瓷瓶
乌 爹	贸易之货用	青白花器

致　谢

2008年9月,我负笈游学来到了中山大学人类学系,有幸得见在考古学以及文化人类学,特别是文化交流史研究领域的诸多饱学之士。科技考古以及中国陶瓷一直是我研究兴趣所在,来到这里,恰恰是可以让我拓展关于这两方面学识的良好契机,这里也是我完成关于海上丝绸之路研究的绝佳之处。

首先,我由衷地感谢我的导师、中山大学人类学系副主任(现为社会学与人类学学院副院长)——郑君雷教授,他在拙文的写作过程中提供了很多中肯的意见,激发了我的研究灵感。还要感谢许永杰教授对我开题方向给予宝贵的意见。此外,还要特别感谢在这三年的研究、学习中人类学系每一位给我的研究提供帮助和支持的老师。

其次,我要把诚挚的感谢送给我的中国朋友、人类学系的朱铁权博士,我们之间的友情从2003年我在中国科技大学学习期间就已经开始;还有我的同窗挚友刘长,他们给我的学习提供莫大的支持和鼓励。此外,还要感谢师弟陈遵、孙赛雄以及其他将拙作英文稿译成中文稿而付出宝贵时间的同窗好友们。

在这里我还要感谢斯里兰卡考古专员 Senarath Disanayake 博士以及国家考古所的同事们,他们为我的研究工作提供了各种支持和帮助。此外,也应该感谢在同领域研究的国内外前辈学者们提供了中国古陶瓷数据以及斯中关系史的研究资料,为拙文的写作提供了不少灵感和便利。

最后要感谢我的家人:我的母亲、我挚爱的妻子以及两个女儿。她们的思念是我在异乡最大的精神支柱。

贾兴和
中山大学南校区
2011年4月30日